U0784496

《儒典》選刊工作團隊

學術顧問　杜澤遜　李振聚　徐　泳

項目統籌　胡長青

責任編輯　劉　晨　劉嬌嬌　張艷艷
　　　　　呂士遠　趙　菲　劉一星

前 言

中國是一個文明古國、文化大國，中華文化源遠流長，博大精深。在中國歷史上影響較大的是孔子創立的儒家思想，因此整理儒家經典、注解儒家經典，爲儒家經典的現代化闡釋提供权威、典范、精粹的典籍文本，是推進中華優秀傳統文化創造性轉化、創新性發展的奠基性工作和重要任務。

中國經學史是中國學術史的核心，歷史上創造的文本方面和經解方面的輝煌成果，大量失傳了。西漢是經學的第一個興盛期，除了當時非主流的《詩經》毛傳以外，其他經師的注釋後來全部失傳了。東漢的經解衹有鄭玄、何休等少數人的著作留存下來，其餘也大都失傳了。南北朝至隋朝興盛的義疏之學，其成果僅有皇侃《論語疏》幸存於日本。五代時期精心校刻的《九經》、北宋時期國子監重刻的《九經》以及校刻的單疏本，也全部失傳。南宋國子監刻的單疏本，我國僅存《周易正義》、《爾雅疏》、《春秋公羊疏》（三十卷殘存七卷）、《春秋穀梁疏》（十二卷殘存七卷），日本保存了《尚書正義》、《毛詩正義》、《禮記正義》（七十卷殘存八卷）、《周禮疏》（日本傳抄本）、《春秋公羊疏》（日本傳抄本）、《春秋正義》（日本傳抄本）。南宋兩浙東路茶鹽司刻八行本，我國保存下來的有《周禮疏》、《禮記正義》、《春秋左傳正義》（紹興府刻）、《論語注疏解經》（二十卷殘存十卷）、《孟子注疏解經》（存臺北「故宫」），日本保存有《周易注疏》《尚書正義》（凡兩部，其中一部被清楊守敬購歸）。南宋福建刻十行本，我國僅存《春秋穀梁注疏》、《春秋左傳注疏》（六十卷，一半在大陸，一半在臺灣），日本保存有《毛詩注疏》《春秋左傳注疏》。從這些情況可以看出，經書代表性的早期注釋和早期版本國内失傳嚴重，有的僅保存在東鄰日本。

鑒於這樣的現實，一百多年來我國學術界、出版界努力搜集影印了多種珍貴版本，但是在系統性、全面性和準確性方面都還存在一定的差距。例如唐代開成石經共十二部經典，石碑在明代嘉靖年間地震中受到損害，明代萬曆初年西安府學等學校師生曾把損失的文字補刻在另外的小石上，立於唐碑之旁。近年影印出版唐石經拓本多次，都是以唐代石刻與明代補刻割裂配補的裱本爲底本。由於明代補刻采用的是唐碑的字形，這種配補本難以區分唐刻與明代補刻，不便使用，亟需單獨影印唐碑拓本。

爲把幸存於世的、具有代表性的早期經解成果以及早期經典文本收集起來，系統地影印出版，我們規劃了《儒典》編纂出版項目。

《儒典》出版後受到文化學術界廣泛關注和好評，爲了滿足廣大讀者的需求，現陸續出版平裝單行本。共收録一百十一種元典，共計三百九十七册，收録底本大體可分爲八個系列：經注本（以開成石經、宋刊本爲主。開成石經僅有經文，無注，但它是用經注本删去注文形成的）、經注附釋文本、纂圖互注本、單疏本、八行本、十行本、宋元人經注系列、明清人經注系列。

《儒典》是王志民、杜澤遜先生主編的。本次出版單行本，特請杜澤遜、李振聚、徐泳先生幫助酌定選目。特此説明。

二〇二四年二月二十八日

目録

經訓堂書目

經訓堂刊書目

易漢學八卷 惠棟撰 畢沅校
明堂大道錄八卷 惠棟撰
禘說二卷 惠棟撰
夏小正考注一卷 畢沅校
經典文字辨正書五卷 畢沅撰
音同義異辨一卷 畢沅撰
說文解字舊音一卷 畢沅輯
釋名疏證八卷續一卷補遺一卷 漢劉熙 畢沅疏證 江聲審正

釋名疏證八卷續一卷補遺一卷 畢沅重校 江聲篆書

山海經新校正十八卷附篇目考一卷 畢沅校正

晏子春秋七卷音義二卷 孫星衍音義 畢沅校刻

晉書地理志新補正五卷 畢沅補

晉太康三年地記一卷王隱晉書地道記一卷 畢沅輯

三輔黄圖六卷補遺一卷 畢沅校補

長安志二十卷 宋宋敏求 畢沅校

長安志圖三卷 元李好文 畢沅校

關中勝蹟圖志三十卷 畢沅纂

關中金石記八卷 畢沅撰

中州金石記五卷 畢沅撰

老子道德經考異二卷 畢沅校

墨子十五卷目一卷附篇目考一卷 畢沅校

呂氏春秋新校正二十六卷附考一卷 畢沅校

靈巖山人詩四十卷 畢沅撰

弇山年譜一卷 畢沅 史善長編次

樂游聯唱集一卷 畢沅等 楊芳燦編次

易漢學序

惠松崖先生輯

易漢學

經訓堂藏版

山東省圖書館藏

易漢學自序

六經定于孔子燬于秦傳于漢漢學之亾久矣獨詩禮公羊猶存毛鄭何三家春秋爲杜氏所亂尙書爲僞孔氏所亂易經爲王氏所亂杜氏雖有更定大校同于賈服僞孔氏則雜采馬王之說漢學雖亾而未盡亾也惟王輔嗣以假象說易根本黃老而漢經師之義蕩然無復有存者矣故宋人趙紫芝有詩云輔嗣易行無漢學元暉詩變有唐風蓋實錄也棟曾王父樸菴先生嘗閔漢易之不存也取李氏易解所載者參衆說而爲之傳天崇之際遭亂散佚以其說口授王父王父授之先君子先君子于是成易說六卷又嘗欲別撰漢經師說易之源流而未暇也棟趨庭

之際習聞餘論左右采獲成書七卷自孟長卿以下五家之易異流同源其說略備嗚呼先君子卽世三年矣以棟之不才何敢輒議著述然以四世之學上承先漢存什一于千百庶後之思漢學者猶知取證且使吾子孫無忘舊業云是爲序

易漢學卷一

東吳惠棟學

兵部侍郎兼都察院右副都御史巡撫河南提督軍務兼理河道 欽賜一品頂帶畢沅校刊

孟長卿易上

卦氣圖說

孟氏卦氣圖以坎離震兌爲四正卦餘六十卦卦主六日七分合周天之數內辟卦十二謂之消息卦乾盈爲息坤虛爲消其實乾坤十二畫也繫辭云乾之策二百一十有六坤之策一百四十有四凡三百有六十當期之日夫以二卦之策當一期之數則知二卦之爻周一歲之用矣四卦主四時爻主二十四氣十二卦主十二辰爻主七十二

候六十卦主六日七分爻主三百六十五日四分日之一辟卦爲君雜卦爲臣四正爲方伯二至二分寒溫風雨總以應卦爲節是以周易參同契曰君子居室順陰陽節藏器俟時勿違卦月謹候日辰審察消息纖芥不正悔吝爲賊二至改度乖錯委曲隆冬大暑盛夏霜雪二分縱橫不應漏刻水旱相伐風雨不節蝗蟲湧沸羣異旁出此言卦氣不效則分至寒溫皆失其度也春秋命歷序曰元氣正則天地八卦孳也漢書谷永對策曰王者躬行道德則卦氣理效五徵時序兼洪範五行言失道妄行則卦氣悖亂咎徵著郵後漢張衡上疏亦言律歷卦候數有徵效郎顗七事云今春當旱夏必有水以六日七分候之可知樊毅修華嶽碑云風雨應卦灒潤萬物是漢儒皆用卦氣爲占

驗宋元以來漢學日就滅亡幾不知卦氣爲何物矣余既
列二圖于後兼采先儒諸說以爲左證焉

六日七分圖

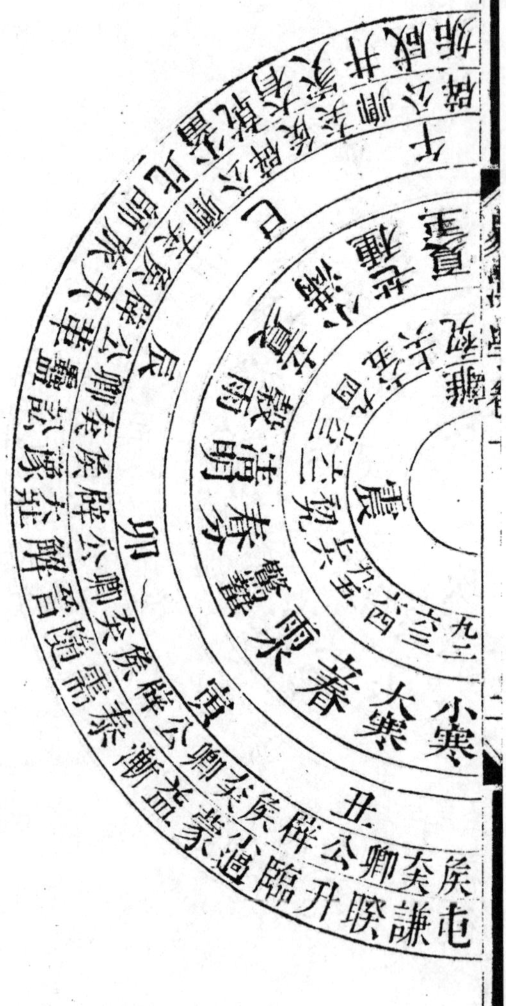

魏正光歷推四正卦術曰十一月未濟蹇頤中孚復十二月屯謙睽升臨正月小過蒙益漸泰二月需隨晉解大壯三月豫訟蠱革夬四月旅師比小畜乾五月大有家人井咸姤六月鼎豐渙履遯七月恒節同人損否八月巽萃大畜賁觀九月歸妹无妄明夷困剝十月艮既濟噬嗑大過坤又云四正爲方伯中孚爲三公復爲天子屯爲諸侯謙爲大夫睽爲九卿升還從三公周而復始

易緯稽覽圖曰甲子卦氣起中孚六日八十分日之七鄭康成注云六以候也八十分爲一日日之七者一卦六日七分也

易緯是類謀曰冬至日在坎春分日在震夏至日在離秋

分日在兌四正之卦卦有六爻爻主一氣共主二十四氣餘六十卦卦主六日七分八十分日之七歲有十二月三百六十五日四分日之一六十而一周

唐一行六卦議曰十二月卦出於孟氏章句其說易本於氣易乾鑿度曰太易者未見氣也太初者氣之始也康成注云太易之始漠然無氣可見者太初之氣寒溫始生也乾鑿度又云易變而爲一注云一主北方氣漸生之始此則太初之氣所生也孟喜弟子趙賓說易箕子之明夷謂陰陽氣无箕子當作荄滋而後以人事明之京氏又以卦爻配期坎離震兌其用事自分至之首皆得八十分日之七十三頤晉井大畜四卦皆在分至之首皆五日十四分四卦共少二日九十二分餘皆六日七分自乾象歷以降皆因京氏惟天保歷依易通統軌圖自八十有二節五卦初爻相次用事及上爻與中氣皆

終非京氏本旨及七略所傳按鄭顗所傳皆六日七分不以初爻相次用事齊歷謬矣易爻當日十有二中直全卦之初十有二節直全卦之中齊歷又以節在貞氣在𠻳非是

復卦經云七日來復康成注曰建戌之月以陽氣既盡建亥之月純陰用事至建子之月陽氣始生隔此純陰一卦卦主六日七分舉其成數言之而云七日來復孔穎達曰案易緯云卦氣起中孚故離坎震兑各主其一方其餘六十卦卦有六爻爻别主一日凡主三百六十日餘有五日四分日之一者每日分爲八十分五日分爲四百分四分日之一又分爲二十分是四百二十分六十卦分之六七

四十二卦別各得七分是每卦六日七分也李鼎祚曰案易軌一歲十二月三百六十五日四分日之一以坎震離兌四方正卦卦別六爻爻主一氣其餘六十卦三百六十爻爻主一日當周天之數餘五日四分日之一以通閏餘者剝卦陽氣盡於九月之終至十月末純坤用事坤卦將盡則復陽來隔坤之一卦六爻爲六日復來成震一陽爻生爲七日故言反復其道七日來復是其義也

繫辭上曰旁行而不流九家易曰旁行周合六十四卦月主五卦爻主一日歲既周而復始

周易折中啟蒙附論曰日月之法不同而其餘分皆七故漢儒卦氣每卦直六日尚餘七分古今歷法一章之內有

七閏月者法由茲起也又曰每卦直六日七分者日以八十分爲法也蓋歲數三百六十五日四分日之一四乘而三除之爲四百八十七故四百八十七者歲策也每卦直六日六八四十八得四百八十分又餘七分歲策之根也積六十卦直三百六十日餘分之積共四百二十分以日法除之爲五日四分日之一

卦氣七十二候圖

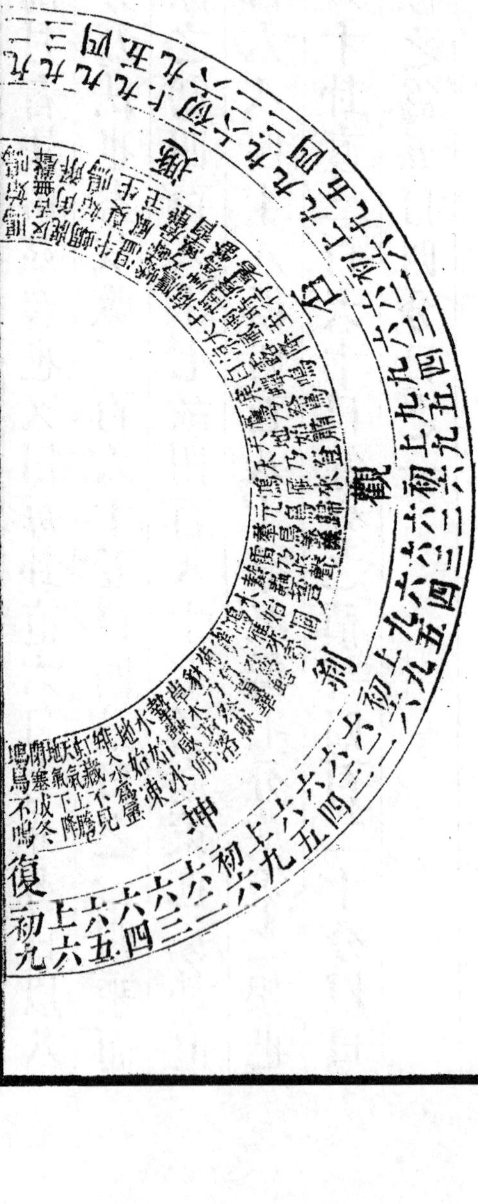

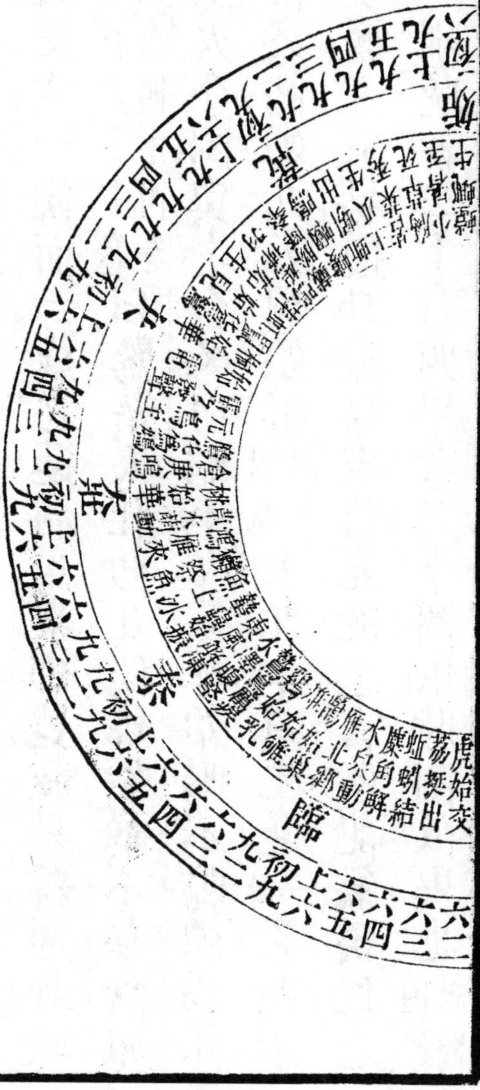

右李溉所傳卦氣圖也其說原于易緯素問曰五日謂之候三候謂之氣六氣謂之時四時謂之歲乾鑿度曰天氣三微而成一著三著而成一體康成注云五日爲一微十五日爲一著故五日有一候十五日成一氣康成又云歲一卦生三氣則各得十五日十二卦卦各六爻爻主一候而一歲之運周焉案御覽載易緯通卦驗九百六十七卷九百四十四卷曰驚蟄大壯初九候桃始華不華倉庫多火今圖與之合又曰姤上九候蜩始鳴不鳴國多妖言案圖姤九五蜩始鳴蜩蟬同上九半夏生遲一候者朱子發震云易通卦驗易家傳先師之言所記氣候比之時訓晚者二十有四早者三今圖依時訓故異也困學紀聞

日月令仲冬虎始交通卦驗云小寒季冬鵲始巢詩推度災云復之日雉雊鷄乳通卦驗云立春皆以節有早晚也

消息

剝彖傳曰君子尚消息盈虛天行也

豐彖傳曰日中則昃月盈則食天地盈虛與時消息

臨彖傳曰至於八月有凶消不久也

左傳正義易曰伏羲作十言之教曰乾坤震巽坎離艮兌消息

繫辭上曰變化者進退之象也荀爽曰春夏爲變秋冬爲化息卦爲進消卦爲退也

說卦曰數往者順知來者逆仲翔曰坤消從午至亥上下

故順也乾息從子至巳下上故逆也
九家易注泰卦曰陽息而升陰消而降陽稱息者長也起復成巽萬物盛長也陰言消者起姤終乾萬物成熟熟則給用給用則分散故陰用特言消也
易緯乾鑿度曰聖人因陰陽起消息立乾坤以統天地又云消息卦純者爲帝不純者爲王
史記歷書太史公曰皇帝考定星歷建立五行起消息注皇侃曰乾者陽生爲息坤者陰死爲消也
漢書京房上封事曰辛酉以來少陰倍力而乘消息孟康曰房以息卦爲辟辟君也消卦曰太陰息卦曰太陽其餘卦曰少陰少陽爲臣下也

後漢書陳忠上疏曰頃季夏大暑而消息不協寒氣錯時水漏爲變天之降異必有其故所舉有道之士可策問國典所務王事過差令處煖氣不效之意庶有讜言以承天誡

四正

說卦曰震東方也離也者南方之卦也兌正秋也坎者正北方之卦也

案震離兌坎陰陽各六爻荀爽以爲乾六爻皆陽陽爻九四四九三十六合四時坤六爻皆陰陰爻六四四六二十四合二十四氣蓋四正者乾坤之用翟立注文言云乾坤有消息從四時來也

繫辭上曰兩儀生四象仲翔曰四象四時也兩儀謂乾坤也乾二五之坤成坎離震兌震春兌秋坎冬離夏故兩儀生四象

孟氏章句曰坎離震兌二十四氣次主一爻其初則二至二分也坎以陰包陽故自北正微陽動於下升而未達極於二月凝涸之氣消坎運終焉春分出於震始據萬物之元爲主於內則羣陰化而從之極于南正而豐大之變窮震功究焉離以陽包陰故自南正微陰生於地下積而未章至于八月文明之質衰離運終焉仲秋陰形于兌始循萬物之末爲主於內羣陽降而承之極于北正而天澤之施窮兌功究焉故陽七之靜始於坎陽九之動始于震陰

八之靜始于離陰六之動始于兌故四象之變皆兼六爻而中節之應備矣一行六卦議

易緯是類謀曰冬至日在坎春分日在震夏至日在離秋分日在兌四正之卦卦有六爻爻主一氣

康成注通卦驗曰冬至坎始用事而主六氣初六爻也小寒於坎直九二大寒於坎直六三立春於坎直六四雨水於坎直九五驚蟄於坎直上六春分於震直初九清明於震直六二穀雨於震直六三立夏於震直九四小滿於震直六五芒種於震直上六夏至於離直初九小暑於離直六二大暑於離直九三立秋於離直九四處暑於離直六五白露於離直上九秋分於兌直初九寒露於兌直九二

霜降於兌直六三立冬於兌直九四小雪於兌直九五大雪於兌直上六

孟康漢書注曰分卦直日之法一爻主一日六十卦爲三百六十日餘四卦震離兌坎爲方伯監司之官所以用震離兌坎者是二至二分用事之日又是四時各專王之氣各卦主時其占法各以其日觀其善惡也

魏正光歷曰四正爲方伯薛瓚注漢書曰京房謂方伯卦震兌坎離也京氏易傳曰方伯分威厭妖馬生子亾

易緯乾鑿度曰四維正紀經緯仲序度畢矣康成云四維正四時之紀則坎離爲經震兌爲緯此四正之卦爲四仲之次序也

京氏易傳曰賦斂不理茲謂禍厥風絶經緯四時不正也又云大經在辟而易臣茲謂陰動坎離爲經位方伯故云大經辟辟卦也大經在辟謂方伯擬君易其臣道也又云大經搖政茲謂不陰不陰不臣也

漢書魏相奏曰東方之卦不可以治西方南方之卦不可以治北方春興兌治則饑秋興震治則華冬興離治則泄夏興坎治則雹

十二消息

易繫辭曰變通配四時仲翔曰變通趣時謂十二月消息也泰大壯夬配春乾姤遯配夏否觀剝配秋坤復臨配冬謂十二月消息相變通而周於四時也

又云剛柔相推變在其中矣仲翔曰謂十二消息九六相

變剛柔相推而生變化故變在其中矣

又曰往來不窮謂之通荀爽曰謂一冬一夏陰陽相變易也十二消息陰陽往來無窮已故通也

又曰寒往則暑來暑往則寒來仲翔曰乾爲寒坤爲暑謂陰息陽消從姤至復故寒往暑來也陰詘陽信從復至泰故暑往寒來也

又曰範圍天地之化而不過九家易曰範者法也圍者周也言乾坤消息法周天地而不過於十二辰也辰日月所會之宿謂諏訾降婁大梁實沈鶉首鶉火鶉尾壽星大火析木星紀玄枵之屬是也諏訾以下謂自寅至丑自泰至臨也

干寶注乾六爻曰陽在初九十一月之時自復來也初九

甲子(乾納甲)天正之位而乾元所始也陽在九二十二月之時自臨來也陽在九三正月之時自泰來也陽氣在四二月之時自大壯來也陽在九五三月之時自夬來也陽在上九四月之時也(四月於消息爲乾)又注坤六爻曰陰氣在初五月之時自姤來也陰氣在二六月之時自遯來也陰氣在三七月之時自否來也陰氣在四八月之時自觀來也陰氣在五九月之時自剝來也陰在上六十月之時也(十月於消息爲坤)

康成注乾鑿度曰消息於雜卦爲尊每月者譬一卦而位屬焉各有所繫案每月譬一卦者如乾之初九屬復坤之初六屬姤是也臨觀以下倣此

春秋緯樂緯曰夏以十三月為正息卦受泰物之始其色尚黑以寅為朔殷以十二月為正息卦受臨物之牙其色尚白以鷄鳴為朔周以十一月為正息卦受復其色尚赤以夜半為朔

此後漢陳寵所謂三微成著以通三統也康成謂十日為微一月為著三微成著一爻也三著成體乃泰卦也

易緯乾鑿度曰孔子曰復表日角臨表龍顏泰表載（與戴同）干大壯表握訴龍角大辰（古脣字）夬表升骨履文姤表耳參漏足履王知多權遯表日角連理否表二好文（坤為文故好文）觀表出準虎剝表重童（與瞳同）明歷元

案十二消息皆辟卦故舉帝王之表以明之

周易參同契曰朔旦爲復（初九晦至朔旦震來受符）陽氣始通出入无疾（仲翔云謂出震成乾入巽成坤坎爲疾十二消息不見坎象故出入无疾）立表微剛黄鍾建子（韋昭曰十一月黄鍾乾初九也康成曰黄鍾子之氣也十一月建焉）兆乃滋張播施柔暖黎蒸得常臨爐施條（九二）開路正光光耀漸進日以益長丑之大呂（康成曰大呂丑之氣也十二月建）結正低昂仰以成泰（九三）剛柔竝隆陰陽交接小往大來（仲翔曰坤陰詘外爲小往乾陽信内爲大來）輻輳於寅運而趣時漸歷大壯（九四）俠列卯門（春分爲卯卯爲開門）榆莢墮落還歸本根（二月榆落魁臨於卯翼奉風角曰木落歸本）刑德相負（建緯卯卯刑德竝會相見歡喜）晝夜始分夬陰以退陽升而前洗濯羽翮（九五飛龍）振索宿塵乾健盛明廣被四鄰陽終於巳（上巳）中而相干姤始紀序（初六）履霜最先井底寒泉（巽初六與乾初九爲飛伏乾爲冰也）午爲蕤賓（康成曰蕤賓午

之氣也五月建焉寶服於陰陰爲主人遯去世位六二遯乾二世收斂其

精懷德俟時陸績曰遯俟時也棲遲昧冥杳塞不通六三萌者不生

陰伸陽詘沒陽姓名觀其權量六四察仲秋情任畜微稚老

枯復榮蘼麥芽蘖因冒以生八月麥生天剛據西詩緯推度災曰陽本爲雄陰本爲雌物本爲魂雄生八月仲節號曰太初行三節宋均注曰本即原也變陰陽爲雌雄魂也節猶氣也太初者氣之始也必知生八月仲者據此時蔆薺生以爲驗也陽生物行三節者須雌俱行物口也剝爛肢體六五雜卦日剝爛也初是二爪四肖指間稱爪爪上稱肖皆爲肢體消滅其形消艮入坤化氣既竭秋冬爲化亾失至神乾爲神道窮則返歸乎坤元坤元即乾元

月令孟春曰是月也天氣下降地氣上騰正氣曰天地之

氣謂之陰陽一年之中或升或降故聖人作象各分爲六

爻以象十二月陽氣之升從十一月爲始至四月六陽皆

升六陰皆伏至五月一陰初升至十月六陰盡升六陽盡伏今正月云天氣下降地氣上騰者陽氣五月之時爲陰從下起上嚮排陽至十月之時六陽退盡皆伏於下至十一月陽之一爻始動地中至十二月陽漸升陽尚微未能生物之極正月三陽既上成爲乾卦乾體在下三陰爲坤坤體在上是陽氣五月初降至正月爲天體而在坤下也十一月一陽初生而上排陰至四月陰爻伏盡六陽在上五月一陰生六月二陰生陰氣尚微成物未具七月三陰生而成坤體坤體在下三陽爲乾而體在上所以十月云地氣下降天氣上騰劉洽汜閣皇侃之徒既不審知其理文不能定其旨趣諠諠撓撓亦無取焉

辟卦雜卦

易緯乾鑿度曰歲三百六十五日四分日之一以卦用事一卦六爻爻一日凡六日七分歸閏初用事一日天王諸侯也二曰大夫也三曰卿也四曰三公也五曰辟也六曰宗廟爻辭善則善凶則凶康成注云辟天子也天王諸侯者言諸侯受其吉凶者唯天子而已

案易緯此說與齊天保歷合所謂五卦初爻相次用事也其云六曰宗廟未詳豈一卦六爻備有此六者耶卦氣五位以公辟侯大夫卿周還用事此始侯者從月數也

魏正光歷卦曰四正爲方伯中孚爲三公復爲天子屯爲

諸侯謙爲大夫睽爲九卿升還從三公周而復始

京房上封事曰迺辛巳蒙氣復乘卦太陽侵色張晏曰晉卦解卦也太陽侵色謂大壯也

案大壯辟卦也乾九四用事故云太陽晉解雜卦也皆主二月晉九卿也解三公也皆雜卦太陽侵色雜卦干消息也

又曰辛酉以來少陰倍力而乘消息孟康曰房以消息卦爲辟辟君也消卦曰太陰姤遯否觀剝坤息卦曰太陽復臨泰大壯夬乾其餘卦曰少陰少陽爲臣下也并力雜卦氣干消息也

後漢書朱穆奏記梁冀曰今年九月天氣鬱冒五位四候連失正氣

案五位謂公辟侯大夫卿四候四正也

易緯稽覽圖曰非太平而雜卦以其度效□辰則□□□原註雜卦九三上六決温九三上九微温六三上九決□寒六三上六微寒六日七分中□辰效則可□□□消息及四時卦當盡其日盡六日七分日時七十二分也太平□□□太陰用事謂從否至臨而少陽卦當效時至□□□□□一時非太平以其卦分效則可六日□□□分數□□□□□至立效也太陽用事謂從泰至遯少陰卦效六□□□□□乾位北然息之卦當勝雜卦也六日八十分日之七從八十分爲一日之七者一卦六日七分從得一卦四時卦□□□□□謂四正卦坎離震兌四時方伯之卦也七十三分而從得一卦坎常以冬至日始效復生坎七日消息及雜卦相去各如中孚卦上有陰百二十日爲雨剝陰氣上達貫霜以降乾元序制記坎初六冬至廣莫風云云玉海

易漢學卷二

東　吳　徵　士　惠　棟　學

兵部侍郎兼都察院右副都御史巡撫河南提督全省軍務兼理河道　欽賜一品頂帶畢沅校刊

孟長卿易下

推卦用事日

劉洪乾象歷推卦用事日曰因冬至大餘倍其小餘坎用事日也加小餘千七十五滿乾法從大餘中孚用事日也求次卦各加大餘六小餘百三其四正各因其中日而倍其小餘

魏書律歷志推四正卦術曰因冬至大小餘卽坎卦用事日春分卽震卦用事日夏至卽離卦用事日秋分卽兌卦

用事曰○求中孚卦加冬至小餘五千五百三十小分九微分一微分滿五從小分小分滿氣法從小餘小餘滿蔀法從大餘命以紀筭外卽中孚卦用事日其解加震咸加離賁加兌亦如中孚加坎○求次卦加坎大餘六小餘五千五百二十九新歷云一千四百七十三小分十四微分滿五從小分小分滿氣法新歷云滿小分法從小餘小餘滿蔀法從大餘命以紀筭外卽復卦用事曰大壯加震姤加離觀加兌如中孚加坎當云如復加坎

六十卦用事之月

十一月未濟蹇頤中孚復

頤卦初六曰舍爾靈龜半農先生易說曰頤有龜象內陰

外陽陽象甲陰象體而初在下象伏龜伏龜者靈龜也龜能食氣食氣者神明而壽故稱靈頤十一月之卦其位在北龜爲元武蟄伏之時初陽在下象之

易繫辭曰言行君子之所以動天地也仲翔曰巽四以風動天震初以雷動地二變成益故之震初中孚十一月雷動地中

案冬至之卦復也其實起于中孚七日而後復應故楊子雲太元準以爲中爲六十四卦之首易緯稽覽圖亦云甲子卦氣起中孚也

孟喜易章句曰自冬至初中孚用事一月之策九六七八是爲三十而卦以地六候以天五五六相乘消息一變十有二變而歲復初一行六卦議

後漢書魯恭上疏曰易十一月君子以議獄緩死注云易中孚象詞也稽覽圖中孚十一月卦也

王伯厚困學紀聞曰上繫七爻起於中孚鳴鶴在陰下繫十一爻起於咸憧憧往來卦氣圖自復至咸八十八陽九十二陰自姤至中孚八十八陰九十二陽咸至姤凡六日七分中孚至復亦六日七分陰陽自然之數也

馬季長易乾初九注曰初九建子之月陽氣始動於黃泉故云潛龍王伯厚曰歷元始於冬至卦氣起於中孚豳詩於十月曰爲改歲周以十一月爲正蓋本此

復彖曰復其見天地之心乎荀爽曰復者冬至之卦陽起初九爲天地心萬物所始吉凶之先故曰見天地之心

十二月屯謙睽升臨屯內卦主冬至十一月外卦主小寒十二月節

易屯彖曰屯剛柔始交而難生崔憬注云十二月陽始浸長而交於陰故曰剛柔始交萬物萌芽生於地中有寒冰之難故言難生說文曰屯難也象草木之初生屯然而難从屮貫一一地也尾曲

屯象曰雲雷屯九家易云雷雨者興養萬物今言屯者十二月雷伏藏地中未得動出雖有雲雨非時長育故言屯也

易緯稽覽圖曰屯十一月內卦神人從中山出趙地動北方三十日千里馬數至隋王劭釋云屯十一月神人從中山出者此外動而大亨作趙地動者中山爲趙地千里馬者屯卦震下坎上震於馬爲作足坎於馬爲美脊馬行先作弄四足也北史

易緯乾鑿度孔子曰升者十二月之卦也陽氣升上陰氣欲承萬物始進

復象曰七日來復李啟注云七日者非坤之七日坤爲十月卦卦氣起中孚太元中首見之中孚十一月六日七分之後復卦用事復七日六分之後屯卦用事它皆倣此七日六分未詳似仍當作六日七分抑或別有據也

唐一行七日度議曰國語曰農祥晨正日月底於天廟土乃脉發先時九日太史告稷曰自今至于初吉陽氣俱蒸土膏其動弗震不渝脉其滿眚穀乃不殖周初先立春九日日至營室古歷距中九十一度是日晨初大火正中故曰農祥晨正日月底于天廟也於易象升氣究而臨受之

自冬至後七日乾精始復（七日中孚一卦）乃大寒地統之中陽洽於萬物根柢而與萌芽俱升木在地中之象（升坤上巽下）升氣已達則當推而大之故受之以臨（臨者大也）於消息龍德在田（九二乾臨同物）得地道之和澤而動於地中升陽憤盈土氣震發故曰自今至於初吉陽氣初蒸土膏其動又先立春三日而小過用事（小過內卦）陽好節止于內動作于外矯而過正然後返求中焉是以及于艮維（小過內卦艮）則山澤通氣陽精闢戶甲坼之萌見而莩穀之際離故曰不震不渝脈其滿眚穀乃不殖（新唐書志）

易臨卦經曰至于八月有凶康成曰臨卦斗建丑而用事殷之正月也當文王之時紂為无道故於是卦為殷家著

興衰之戒以見周改殷正之數云臨自周二月用事訖其七月至八月而遯卦受之此終而復始王命然矣

易緯乾鑿度曰易曰知臨大君之宜吉臨者大也陽氣在內中和之盛應于盛位浸大之化行于萬民故言宜

正月小過蒙益漸泰小過內卦主大寒十二月外卦主立春正月節

易緯乾鑿度曰中孚爲陽貞於十一月子小過爲陰貞於六月未法於乾坤康成曰中孚貞於十一月子小過正月之卦也宜貞於寅而貞於六月非其次故言象法乾坤

項安世周易玩辭曰小過寅之初氣也斗方直艮而震氣上出疑於過矣然去卯不遠亦未爲大過也

易緯乾鑿度曰乾陽也坤陰也並如而交錯行乾貞於十

一月子左行陽時六坤貞於六月未右行陰時六以奉順成其歲歲終次從於屯蒙屯蒙主歲屯爲陽貞於十二月丑其爻左行以間時而治六辰蒙爲陰貞於正月寅其爻右行亦間時而治六辰歲終則從其次卦（次卦爲需訟）

此言主歲卦也參同契曰屯以子申蒙用寅戌餘六十卦各自有日謂需訟以下也又曰朔旦屯直事至暮蒙當受晝夜各一卦用之依次序（晝夜各一卦六十卦止得一百八十日春夏據內體秋冬當外用一卦內外分之周一歲之數也）當時本有各卦主歲之圖而屯蒙不貞丑寅故康成云屯蒙之貞違經失義是也（乾坤以下兩卦主一歲後人不知造爲反對非古法也）

干寶蒙卦注曰蒙於消息爲正月卦也正月之時陽氣上

達故屯爲物之始生蒙爲物之稺也
易緯乾鑿度孔子曰益之六二或益之十朋之龜弗克違永貞吉王用享于帝吉益者正月之卦也天氣下施萬物皆益王用享于帝者言祭天也三王之郊一用夏正天氣三微而成一著三著而成一體方知此之時天地交萬物通故泰益之卦皆夏之正也此四時之正不易之道也康成注曰五日爲一微十五日爲一著故五日有一候十五日成一氣也冬至陽始生積十五日至小寒爲一著至大寒爲二著至立春爲三著凡四十五日而成一節故曰三著而成體也正月則泰卦用事故曰成體而郊也
蔡邕明堂月令論曰易正月之卦曰泰其經曰王用享于

帝吉孟春令曰乃擇元日析穀于上帝顓頊歷衡（疑作術）曰天元正月己巳朔日立春日月俱起於泰建宮室制度月令孟春之月日在營室易曰不利爲寇利用禦寇令曰兵戎不起不可從我始

案蔡氏此論證易與月令合也詩匏有苦葉云士如歸妻迨氷未泮箋云氷未散正月中以前也易漸卦云女歸吉漸正月卦正與詩合

二月需隨晉解大壯（需內卦主雨水正月外卦主驚蟄二月節）

易緯乾鑿度孔子曰隨上六拘繫之乃從維之王用亨于西山隨者二月之卦隨德施行藩決難解萬物隨陽而出故上六欲待九五拘繫之維持之明被陽化而陰欲隨之

也康成云大壯九三爻主正月陰氣猶在故羝羊觸藩而羸其角也至于九四主二月故藩決不勝羸也言二月之時陽氣已壯施生萬物而陰氣漸微不能爲難以障閉陽氣故曰藩決難解也

大壯九三主正月未詳案齊天保歷以卦之貞悔分節氣豈九三在貞爲正月中九四在悔爲二月節歟

易解彖曰解險以動動而免乎險解仲翔云險坎動震解二月雷以動之雨以潤之物咸孚甲萬物生震震出險上故免乎險也

漢書京房傳曰房以建昭三年二月朔拜上封事曰迺辛巳蒙氣復乘卦太陽侵色張晏曰晉卦解卦也太陽侵色

謂大壯也

案晉九卿也解三公也皆雜卦大壯辟也太陽侵色雜卦干消息也

鄭頲七事曰孔子曰雷之始發大壯始春秋傳曰雷乘乾曰大壯大衍歷經春分辟大壯雷乃發聲郭璞注穆天子傳引歸藏易曰豐隆筮御雲得大壯卦遂爲雲師也君弱臣彊從解起大壯辟爲君解三公爲臣令月九日至十四日一爻大壯用事消息之卦也消息卽辟卦於此六日之中雷當發聲發聲則歲和王道興也易曰雷出地奮豫豫內卦主春分二月先王以作樂崇德殷薦之上帝雷者所以開發萌芽辟陰除害萬物須雷而解貣雨而潤故經曰雷以動之雨以潤之王者崇寬大順春令則雷應節不則發動於冬當震反潛故易傳曰當雷

不靁太陽弱也太陽謂大壯今蒙氣不除則其效也蒙氣解見京易卷

漢書五行志曰嚴公七年四月辛卯夜恆星不見夜中星隕如雨易曰雷雨作解是歲歲在元枵齊分埜也雨以解過施復從上下象齊桓行霸復興周室也周四月夏二月也解二月卦故以明之

三月豫訟蠱革夬豫內卦主春分二月中外卦主淸明三月節

漢書五行志曰雷以二月出其卦曰豫言萬物隨雷出地皆逸豫也以八月入其卦曰歸妹言雷復歸入地則孕毓根核與茲同歸妹內卦主秋分八月保藏蟄蟲避盛陰之害出地則養長華實發揚隱伏宣盛陽之德入能除害出能興利人君之象也

易緯乾鑿度曰陽消陰言夬夬爲言決也當三月之時陽盛息消夬陰之氣萬物畢生靡不蒙化譬猶王者之崇至德奉承天命伐決小人以安百姓故謂之決

仲翔注夬卦曰夬陽決陰息卦也

朱震易叢說曰夬三月清明氣也故曰莧陸夬夬莧陸三月四月生也

四月旅師比小畜乾旅內卦主穀雨三月中外卦主立夏四月節

比象曰先王以建萬國親諸侯案比四月卦古者封諸侯以夏故有是象白虎通曰封諸侯以夏何陽氣盛養故封諸侯盛養賢也

干寶比卦注曰比世于七月而息來在巳去陰居陽承乾

之命義與師同

案七月辰在申四月辰在巳故云去陰居陽乾爲辟故云承乾命師亦世于七月而息在巳

漢書五行志曰昭十七年六月甲戌朔日有食之左氏傳平子曰唯正月朔慝未作日有食之於是伐鼓用幣其餘則否太史曰在此月也當夏四月是謂孟夏說曰正月謂周六月夏四月正陽純乾之月也慝謂陰爻也冬至陽爻起初故曰復至建巳之月爲純乾亡陰爻而陰侵陽爲災重故伐鼓用幣責陰之禮

月令孟春行夏令則雨水不時康成注云巳之氣乘之也四月於消息爲乾

後漢書張純奏曰禘祭以夏四月夏者陽氣在上陰氣在下故正尊卑之義也注云四月乾卦用事故言陽氣在上也

攝生月令曰四月爲乾注云生氣卯死氣酉

五月大有家人井咸姤大有內卦主小滿四月中外卦主芒種五月節

易大有彖曰火在天上曰大有荀爽曰謂夏火王在天萬物並生故曰大有

井九二井谷射鮒鮒子夏傳謂蝦蟇朱震曰井五月之卦故有蝦蟇

案二體巽巽爲風風主蟲子夏以爲蝦蟇得之

周易參同契曰姤始紀序履霜最先井底寒泉井九五曰

井冽寒泉食仲翔云泉自下出稱井周七月夏之五月陰氣在下二已變坎十一月爲寒泉故冽寒泉矣

易坤初六曰履霜堅氷至九家易云初六始姤姤爲五月盛夏而言堅氷五月陰氣始生地中言始於微霜終至堅氷以明漸順至也

東觀漢記司徒魯恭上疏曰案易五月姤卦用事姤卦巽下乾上初六一陰生五月之卦也經曰后以施令詰四方言君以夏至之日施命令止四方行者所以助微陰也（詰王弼改作誥）

仲翔姤卦注曰姤五月南方

朱震易叢說曰姤五月夏至氣也故曰以杞包瓜瓜生

於四月中氣故也

六月鼎豐渙履遯鼎內卦主夏至五月中外卦主小暑六月節

京房易傳曰雷與火震動曰豐宜日中夏至積陰生豐當正應吉凶見矣日中也又云上木下火氣稟純陽陰生于內

易臨卦曰至于八月有凶仲翔注云臨與遯旁通臨消于遯六月卦也於周爲八月康成注云臨自周二月用事訖其七月至八月而遯卦受之

京房上封事曰臣前以六月中言遯卦不效法曰道人始去寒涌水爲災至其七月涌水出

七月恒節同人損否

損彖曰二簋應有時仲翔注云時謂春秋也損二之五二之五成

益震二月互震體益正月春也損七月兌八月秋也震兌初九主二分謂春秋祭祀以時思之

京房易傳曰節建起甲申至巳丑陸績注云爲本身節氣案七月在申節七月卦故云本身節氣又云金上見水本位相資金節本位也二氣交爭失節則嗟

八月巽萃大畜賁觀巽內卦主處暑七月外卦主白露八月節

巽初六曰進退利武人之貞案四體兌兌爲金金主秋立秋賞武人巽又于消息爲七月八月故曰利武人之貞

虞仲翔姤卦注曰巽八月西方

漢書五行志曰定公元年十月隕霜殺菽劉向以爲周十月今八月也於一作消卦爲觀陰氣未至君位而殺剝則至君位矣

誅罰不由君出在臣下之象也

九月歸妹无妄明夷困剝歸妹內卦主秋分八月外卦主寒露九月節

歸妹象曰澤上有雷歸妹干寶曰雷薄于澤八月九月歸藏之時也

易緯乾鑿度曰孔子曰泰正月之卦也陽氣始通陰道執順故因此以見湯之嫁妹能順天地之宜立教戒之義也湯嫁妹之詞見京房易至于歸妹八月卦也指內卦陽氣歸下陰氣方盛故復以見湯之嫁妹

郎顗傳顗上七事曰漢興以來今在戊仲十年於易雌雄祕歷今值困乏凡九二困者衆小人欲共困害君子也經曰困而不失其所亨其唯君子乎

案困九月卦九月建戌順帝時在戌仲當是困卦主歲故以爲值困之也

朱子發周易叢說曰困九月霜降氣也故曰株木曰蒺藜蒺藜者秋成也

乾鑿度曰陰消陽言剝當九月之時陽氣衰消而陰終不能盡陽小人不能決君子也謂之剝言不安而已

漢書五行志曰僖公三十三年十二月隕霜不殺草劉向以爲今十月周十二月於易五爲天位爲君位九月陰氣至五通於天位其卦爲剝剝落萬物始大殺矣明陰從陽命臣受君令而後殺也今十月隕霜不殺草此君誅不行舒緩之應也

十月艮既濟噬嗑大過坤

易緯乾鑿度孔子曰既濟九三高宗伐鬼方三年尅之高宗者武丁也湯之後有德之君也九月之時陽失正位既濟爲九月未詳盛德既衰而九三得正下陰能終其道濟成萬物猶殷道中衰至于高宗扶救衰微三年而惡消滅

應劭風俗通曰易噬嗑爲獄十月之卦獄從犬言聲二犬亦存以守也廷者陽也陽上生長獄者陰也陰生刑煞故獄皆在廷比順其位御覽六百四十三卷

朱子發周易叢說曰大過十月小雪氣也故曰枯楊生稊枯楊生華

坤文言曰夫玄黃者天地之雜也荀爽云消息之卦坤位

在亥下有伏乾陰陽相和故曰天地之雜也

唐一行開元大衍歷經朱震易叢說曰孟喜京房之學其書槩見於一行所集大要皆自子夏傳而出

大衍步發斂術

天中之策五　餘三百二十一　秒三十一　秒法七十二　地中之策六　餘二百六十五　秒八十六　秒法一百二十　貞悔之策三　餘百三十二　秒百三　辰法七百六十　刻法三百四

推七十二候各因中節大小餘命之即初候日也以天中之策及餘秒加之數除如法即次候日又加得末候日凡發斂皆以恒氣

推六十卦各因中氣大小餘命之公卦用事日也以遞中之策及餘秒累加之數除如法各次卦用事日若以貞悔之策加諸侯卦得十有二節之初外卦用事日

推五行用事各因四立大小餘命之卽春木夏火秋金冬水首用事日也以貞悔之策及餘秒減四季中氣大小餘卽其月土始用事日

常氣（月中節）	四月卦	初候	次候	末候
		始卦	中卦	終卦
冬至（十一月中）	坎初六	蚯蚓結	麋角解	水泉動
		公中孚	辟復	侯屯內
小寒（十二月節）	坎九二	鴈北鄉	鵲始巢	野雞始雊

侯屯外　大夫謙　卿睽

大寒十二月中　坎六三　雞始乳　鷙鳥厲疾　水澤腹堅

公升　辟臨　侯小過內

立春正月節　坎六四　東風解凍　蟄蟲始振　魚上冰

侯小過外　大夫蒙　卿益

雨水正月中　坎九五　獺祭魚　鴻鴈來　草木萌動

公漸　辟泰　侯需內

驚蟄二月節　坎上六　桃始華　倉庚鳴　鷹化爲鳩

侯需外　大夫隨　卿晉

春分二月中　震初九　元鳥至　雷乃發聲　始電

公解　辟大壯　侯豫內

清明 三月節 震六二　桐始華　田鼠化爲鴽　虹始見

　　　　　　　　侯豫外　大夫訟　卿蠱

穀雨 三月中 震六三　萍始生　鳴鳩拂其羽　戴勝降于桑

　　　　　　　　公革　辟夬　侯旅內

立夏 四月節 震九四　螻蟈鳴　蚯蚓出　王瓜生

　　　　　　　　侯旅外　大夫師　卿比

小滿 四月中 震六五　苦菜秀　靡草死　小暑至

　　　　　　　　公小畜　辟乾　侯大有內

芒種 五月節 震上六　螳螂生　鵙始鳴　反舌無聲

　　　　　　　　侯大有外　大夫家人　卿井

夏至 五月中 離初九　鹿角解　蜩始鳴　半夏生

公咸　辟姤　侯鼎内

小暑六月節　離六二　溫風至　蟋蟀居壁　鷹乃學習

侯鼎外　大夫豐　卿渙

大暑六月中　離九三　腐草爲螢　土潤溽暑　大雨時行

公履　辟遯　侯恒内

立秋七月節　離九四　涼風至　白露降　寒蟬鳴

侯恒外　大夫節　卿同人

處暑七月中　離六五　鷹祭鳥　天地始肅　禾乃登

公損　辟否　侯巽内

白露八月節　離上九　鴻鴈來　元鳥歸　羣鳥養羞

侯巽外　大夫萃　卿大畜

秋分 八月中 兌初九	雷乃收聲	蟄蟲培戶	水始涸
	公賁	辟觀	侯歸妹 內
寒露 九月節 兌九二	鴻鴈來賓	雀入大水爲蛤	菊有黃花
	侯歸妹 外	大夫无妄	卿明夷
霜降 九月中 兌六三	豺乃祭獸	草木黃落	蟄蟲咸俯
	公困	辟剝	侯艮 內
立冬 十月節 兌九四	水始冰	地始凍	野雞入水爲蜃
	侯艮 外	大夫既濟	卿噬嗑
小雪 十月中 兌九五	虹藏不見	天氣上騰 地氣下降	閉塞而成冬
	公大過	辟坤	侯未濟 內
大雪 十一月節 兌上六	鶡鳥不鳴	虎始交	荔挺出

侯未濟外　大夫蹇　卿頤

七十二候三微

易緯乾鑿度曰天氣三微而成一著三著而成一體康成注云五日爲一微十五日爲一著故五日有一候十五日成一氣也又曰八卦之生物也畫六爻之移氣周而從卦康成注云八卦生物謂其歲之八節每一卦生三氣則各得十五日今言畫六爻是則中分之言太史司刻漏者每氣兩箭四十八箭猶是生焉猶由通

孔氏月令正義曰凡二十四氣氣有十五日有餘每氣中半分之爲四十八氣氣有七日半有餘故鄭注周禮云有四十八箭是一氣易一箭也凡二十四氣每三分

之七十二氣氣間五日有餘故一年有七十二候也故通卦驗冬至之前五日商旅不行兵甲伏匿人主與羣臣左右從樂五日以五日爲一候也

唐一行五卦候議曰七十二候原于周公時訓月令雖頗有增益然先後之次則同

朱子發卦氣圖說曰二十四氣七十二候見於周公之時訓呂不韋取以爲月令焉其上則見於夏小正夏小正者夏后氏之書孔子得之於杞者夏建寅故其書始於正月周建子而授民時巡守祭享皆用夏正說本周書故其書始於立春夏小正具十二月而無中氣有候應而無日數至于時訓乃五日爲候三候爲氣六十日爲節

三書詳略雖異其大要則同豈時訓因小正而加詳歟左氏傳曰先王之正時也履端於始舉正於中歸餘於終中謂中氣也漢詔曰昔者黃帝合而不死名察庶驗定清濁起五部建氣物分數氣謂二十四氣則中氣其來尚矣仲尼贊易時已有時訓七月一篇則有取於時訓可知易通卦驗易家傳先師之言所記氣候比之時訓晚者二十有四早者三當以時訓爲定故子雲太元二十四氣關子論七十二候皆以時訓

漢儒傳六日七分學

後漢方術傳曰其流又有風角遁甲遁古文遯太元所謂遯乘六甲與斗相逢也七政日月五星之政元氣開闢陰陽之書漢書以太極爲元氣六日七分逢

占逢人所問而占之日者挺專卜折竹須臾陰陽吉凶立成之法孤虛之術

郎顗傳父宗字仲綏學京氏易善風角星算六日七分

崔瑗傳瑗明天官歷數京房易傳六日七分

何休傳休注孝經論語風角七分皆經緯典謨不與守文同說

漢綏民校尉熊君碑曰治歐羊與陽同尚書六日七分

隋經籍志京房周易飛候六日七分八卷五行家

易漢學卷二終

易漢學卷三

東吳徵士惠棟學

兵部侍郎兼都察院右副都御史巡撫河南提督軍務兼理河道 賞一品頂帶畢沅校刊

虞仲翔易

八卦納甲之圖

右圖坎離日月也戊己中土也晦夕朔旦坎象流戊日中則離離象就已三十日會于壬三日出于庚孔子三朝記曰日歸於西起明于東月歸于東起明于西故月三日成震時在庚西仲翔曰戊己土位象見于中故坎離在中央八日見于丁十五日盈于甲十六日退于辛二十三日消于丙二十九日窮于乙滅于癸乾息坤成震三日之象兌八日之象震本屬東方兌本屬西方然月之生明必于庚上弦必于丁故震在西兌在南諸卦可以類推十五日而乾體成坤消乾成巽十六日也艮二十三日也二十九日而坤體就出庚見丁者指月之盈虧而言非八卦之定體也乾盈于甲行至辛而始退震爲始生巽爲始退而皆在西兌上弦艮下弦而皆在南乾滿于甲坤窮于乙而皆在東此以月所行之道言之而納甲由是生焉甲乾乙坤相得合木故甲乙在東丙艮丁兌相得合火故

丙丁在南戊坎已離相得合土故戊已居中庚震辛巽相得合金故庚辛在西天壬地癸相得合水故壬癸在北丙丁在南方所謂二八應一斤也甲乙在東方壬癸在北方所謂乾坤括始終也御覽引京房易說曰月初光見西方已後生光見東方皆日所照法言曰月未望則載魄于西既望則終魄于東其遡于日乎繫辭所云拄天成象又曰縣象著明莫大乎日月是也仲翔述道士之言謂易道在天三爻足矣其言旨哉

坤彖曰西南得朋乃與類行謂陽得其類月朔至望從震至乾與時偕行故乃與類行東北喪朋乃終有慶陽喪滅坤坤終復生謂月三日震象出庚故乃終有慶仲翔曰此指說易道陰陽消息之大要也謂陽月三日變而成震出庚至月八日成兌見丁庚西丁南故西南得朋謂二陽爲朋二十九日消乙入坤滅藏於癸乙東癸北故東北喪朋謂之以坤滅乾坤爲喪也

小畜上九曰月幾望易說曰月十五盈乾甲十六見巽辛內乾外巽故月幾望中孚六四月幾望晁氏說之曰孟荀一行幾作旣孟喜云十六日也案此則孟長卿亦用納甲說之案古文讀近爲旣詩往近王舅是也此實當作旣棟案六四體巽故云旣望晁說是

蹇彖曰蹇利西南往得中也不利東北其道窮也仲翔曰坤西南卦坎爲月月生西南故利西南往得中謂西南得朋也艮東北之卦月消於艮喪乙滅癸故不利東北其道窮也則東北喪朋矣說卦云艮東北之卦也萬物之所成終而所成始也仲翔曰萬物成始乾甲成終坤癸艮東北是甲癸之閒故萬物之所成終而成始者也案仲翔之意艮本東北之卦而消于丙當在南方乾十五日也坤三十日也艮存中距乾坤皆八日甲東癸北故云艮東北甲癸之閒蹇彖又云蹇之

時用大矣哉仲翔曰謂坎月生西南庚丁而終東北甲癸震象出庚兌象見丁乾象盈甲巽象退辛艮象消丙坤象窮乙喪滅於癸終則復始以生萬物故用大矣

歸妹彖曰歸妹人之終始也仲翔曰人始生乾而終於坤故人之終始雜卦曰歸妹女之終謂陰終坤癸則乾始震庚也

繫辭上曰在天成象仲翔曰謂日月在天成八卦震象出庚兌象見丁乾象盈甲巽象伏辛艮象消丙坤象喪乙坎象流戊離象就已故在天成象也三畫謂之象六畫謂之爻日月在天成八卦止以三才言之仲翔曰八卦乃四象所生非庖犧之所造也觀此可悟　又云縣象著明莫大乎日月仲翔曰謂日月縣天成八卦象三日暮震象出庚

八日兌象見丁十五日乾象盈甲十六日巽象退辛二十三日艮象消丙三十日坤象滅乙晦夕朔旦坎象流戊日中則離離象就已戊已土位象見於中（宋人作納甲圖以坎離列東西者誤甚）日月相推而明生焉　又曰四象生八卦仲翔曰乾二五之坤則生震坎艮坤二五之乾則生巽離兌故四象生八卦乾坤生春（甲乙）艮兌生夏（丙丁）震巽生秋（庚辛）坎離生冬者也

參同契曰子午數合三（坎子離午）戊已號稱五三五既和諧八石正綱紀又云水以土爲鬼土鎮水不起朱雀爲火精執平調勝負水盛火須滅俱死歸厚土三性（古文姓皆作性漢碑猶然）既合會本姓共宗祖仲翔注說卦云水火相通坎

戊離己月三十一會于壬是坎離生冬之義易乾鑿度曰離爲日坎爲月日月之道陰陽之經所以終始萬物故以坎離爲終康成云言以日月終天地之道

繫辭下曰八卦成列象在其中矣仲翔曰象謂三才成八卦之象乾坤列東甲乙艮兌列南丙丁震巽列西庚辛坎離在中戊己故八卦成列則象在其中

說卦曰水火不相射仲翔曰謂坎離射厭也水火相通坎戊離己月三十日一會於壬故不相射也仲翔又注歸妹曰乾主壬坤主癸日月會此 又云萬物出乎震震東方也仲翔曰出生也震初不見東震初出庚在西故不稱東方卦也 齊乎巽巽東南也注云巽陽隱初又不見東南巽在西亦不稱東南卦與震同

義　離也者明也萬物皆相見南方之卦也注云離象三爻皆正日中正南方之卦也日中則離　兌正秋也注云兌三失位不正故言正秋兌象不見西兌在西南故不言西方之卦　戰乎乾乾西北之卦也注云乾剛正五月十五日晨象西北暮在東故西北之卦　坎者水也正北方之卦也注云坎二失位不正故言正北方之卦與兌正秋同義坎月夜中故正北方　艮東北之卦也萬物之所成終而所成始也故曰成言乎艮注云萬物成始乾甲成終坤癸艮東北甲癸之閒說見前故萬物之所成終而成始者也

魏伯陽參同契曰天符有進退詘伸以應時故易統天心復卦建始萌長子繼父體因母立兆基沈括曰乾初爻交坤生震故震初爻

納子午乾初子午故也**消息應鍾律**詳後圖**升降據斗樞**漢書律歷志云玉衡杓建天之綱也如淳曰杓音猋斗端星也孟康曰斗在天中周制四方猶宮聲處中爲四聲綱也太元曰巡乘六甲與斗相逢**三日出爲爽**爽明也**震庚受西方**朱子曰三日第一節之中月生明之時也蓋始受一陽之光昏見於西方庚地**八日兌受丁上弦平如繩**朱子曰八日第二節之中月上弦之時受二陽之光昏見於南方丁地**十五乾體就盛滿甲東方**朱子曰十五日第三節之中月既望之時全受日光昏見於東方甲地是爲乾體**蟾蜍與兔魄日月氣雙明蟾蜍視卦節兔魄吐生光七八道已訖**七八十五**屈折低下降十六轉受統巽辛見平明**朱子曰十六日第四節之始始受下一陰爲巽而成魄以平旦而沒於西方辛地**艮直於丙南下弦二十三**朱子曰二十三日第五節之中復生中一陰爲艮而下弦以平旦而沒於南方丙地**坤乙三十日東北喪其朋節盡相禪與繼體復生龍**朱子曰三十日第六節之終全變三陽而光盡體伏於東北一月六節既盡而禪於

後月復生震卦云壬癸配甲乙乾坤括始終沈括曰乾納甲壬坤納乙癸者上下包之
也七八數十五九六亦相應四者合三十七八九六皆合于十五所謂四
象生八卦也陽氣索滅藏滅藏于癸。○續漢書律歷志曰故太史待詔張隆言能用易九六七八爻
卯月行多少蓋用納甲之法以知晦朔弦望耳又云火記不虛作演易以明之
偃月法鼎爐白虎爲熬樞郭洞林云兌爲白虎汞日爲流珠青龍與
之俱御覽引古注云日爲陽陽精爲流珠青龍東方少陽也舉東以合西日東月西魂魄
自相拘日魂月魄上弦兌數八下弦艮亦八兩弦合其精乾坤
體乃成兌息成乾艮消成坤二八應一斤易道正不傾又云晦朔
之間合符行中坎戊離己始於東北箕斗之鄉甲癸之間上爲箕斗旋而
右轉嘔輪吐萌潛潭見象春秋緯有潛潭巴義與此同昴畢之上震出
爲徵昴畢在庚陽氣造端初九潛龍注見上下同陽以三立春秋緯元命包

日陽立於三故三日出爲震陰以八通陰立於八三日震動八日兌行九二
見龍兌爲見和平有明三五德就十五日乾體乃成九三夕惕
虧折神符盛衰漸革終還其初巽繼其統固濟保持九四
或躍進退道危巽爲進退艮主進止不得逾時二十三日典守
弦期九五飛龍天位加喜六五坤承結括終始韞養衆子
世爲類母上九亢龍戰德於野用九翩翩爲道規矩陽數
已訖訖則復起推情合性轉而相與循環璇璣升降上下
周流六爻難可察覩故無常位爲易宗祖　又云坎戊月
精離己日光日月爲易繫辭下云易者象也仲翔云易謂日月縣象著明莫大日月也剛
柔相當土旺四季羅絡始終青赤黑白各居一方甲乙青丙丁赤
壬癸黑庚辛白皆稟中宮戊己之功戊己黄

龍虎上經曰丹砂流汞父（汞說文作澒云丹沙所化爲水銀也）戊巳黃金母鍾律還二六（十二律）斗樞建三元赤童戲朱雀（郭洞林云離爲朱雀變）化爲青龍坤初變成震三日月出庚東西分卯酉龍虎自相尋（震龍兌虎卯東酉西）坤再變成兌八日月出丁上弦金半斤坤三變成乾十五三陽備圓照東方甲（春秋保乾圖日日以圓照）金水溫太陽赤髓流爲汞姹女弄明璫月盈自合虧十六運將減乾初缺成巽平明月見辛乾再損成艮二十三下弦下弦水半斤月出於丙南乾三變成坤坤乙三十日東北喪其朋月沒於乙地坤乙月既晦土　金將化繼坤生震龍乾坤括始終如上三十日坤生震兌乾乾生巽艮坤八卦列布曜推移不失中

案龍虎經似宋初人僞撰如圓照東方甲坤生震兌乾皆不知漢易者也圓照東方甲先天之說也納甲巽是故謂乾生震坎艮坤生巽離兌則可謂乾生巽坤生震則不可至謂坤生乾乾生坤則尤謬也

漢書李尋曰月者衆陰之長銷息見伏百里爲品千里立表萬里連紀妃后大臣諸侯之象也朔晦正終始壬癸配甲乙弦爲繩墨兌艮望成君德乾爲君春夏南秋冬北

京房乾卦傳曰甲壬配外內二象陸績曰乾爲天地之首分甲壬入乾位

案乾納甲壬故內三爻甲子寅辰外三爻壬午申戌

京房履卦傳曰六丙屬八卦九五得位爲世身九二大夫合應象陸績曰艮六丙也

案艮五世履故云六丙

京氏易傳曰分天地乾坤之象益之以甲乙壬癸陸績曰乾坤一卦爲天地陰陽之本故分甲乙壬癸陰陽之始終震巽之象配庚辛庚陽入震辛陰入巽坎離之象配戊己戊陽入坎己陰入離艮兌之象配丙丁丙陽入艮丁陰入兌八卦分陰陽六位配五行光明四通俊一作傚又作簡易立節

又曰鼎木能巽火故鼎之象中虛見納受辛於內也

案巽納辛謂離中虛而受巽辛故有鼎象古文尚書堯典曰女汝耐能朞庸命命顨巽朕朕立位說文曰顨巽也从丌从頭此易顨卦爲長女爲風者馬融注尚書曰顨遜也顨古文巽巽納辛許叔重謂受辛者宜辟之故辟字从受从辛亦巽讓之義也

唐律義疏曰按禮日見于甲月見于庚

案仲翔注易訟上九曰乾爲甲日出甲上故稱朝說文曰早从日在甲上古文早作昂十五乾盈甲日月相望月上屬爲天使故日見于甲也三日月出庚震屬庚故月見于庚也夫婦之義取諸此

五位相得而各有合

繫辭曰天數五地數五五位相得而各有合仲翔曰五位謂五行之位甲乾乙坤相得合木謂天地定位也丙艮丁兌相得合火山澤通氣也戊坎己離相得合土水火相逮也水火相通合土參同契所謂三物一家都歸戊已也庚震辛巽相得合金雷風相薄也天壬地癸相得合水虞注說卦水火不相射云謂坎離射厭也水火相通坎戊離已

月三十日一會於壬故不相射虞又注繫辭四生八卦云乾坤生春艮兌生夏震巽生秋坎離生冬皆是義也

言陰陽相薄而戰於乾故五位相得而各有合

乙　丁　巳　辛　癸　　五位相得

三木　二火　五土　四金　一水

甲　丙　戊　庚　壬　　而各有合

右圖見宋本參同契當是仲翔所作與前說合月令所謂孟春之月其日甲乙孟夏之月其日丙丁是也月令又云孟春其數八孟夏其數七蓋以土數乘木火金水而成即劉歆大衍之數也皇侃禮記義疏以為金木水火得土而成以水數一得土數五故六也火數二得土數五為成數七木數三得土數五為成數八又金數四得土數五為成數九參同契謂土旺四季羅絡始終青赤黑白各居一方皆稟中宮戊己之功皆是物也朱子發作易圖及叢說據仲翔甲乾乙坤相得合木之注以為甲一乙二丙三丁四戊五

己六庚七辛八壬九癸十乾納甲壬配一九坤合乙癸配二十殊不知納甲之法甲與乙合生成之數一與六合兩說判然朱氏合而一之漢學由是日晦矣

周流六虛

繫辭曰變動不居周流六虛仲翔曰六虛六位也（乾坤十二辰分六位陸績說也乾三畫坤三畫分六位仲翔說也）日月周流終則復始故周流六虛謂甲子之旬辰巳為虛坎戊為月離己為日入在中宮其處空虛故稱六虛五甲如次者也棟案甲子之旬辰巳為虛者六甲孤虛法也裴駰曰甲子旬中無戌亥戌亥為孤辰巳為虛甲戌旬中無申酉申酉為孤寅卯為虛甲申旬中無午未午未為孤子丑為虛甲午旬中無辰巳辰巳為孤

戌亥爲虛甲辰旬中無寅卯寅卯爲孤申酉爲虛甲寅旬中無子丑子丑爲孤午未爲虛太史公曰日辰不全故有孤虛張存中四書通證云陰陽家金匱曰六甲旬孤上坐者勝虛上坐者負伍子胥曰凡遠行諸事不得往甲乙爲日合而爲五行子丑爲辰分而爲六位淮南子謂之六府故京房易傳曰降五行頒六位漢書律歷志曰天數五地數六六爲虛五爲聲周流於六虛虛者爻律乾坤十二爻黃鍾十二律陰陽各六其說皆與仲翔合天有五行十二辰參同契曰日合五行精月受六律紀五六三十度度竟復更始易有四正十二消息樂有五聲十二律參同契曰消息應鍾律其義一也仲翔又謂坎月離日入在中宮其處空虛者此謂坎離爲乾坤二用也乾位六坤位六主一歲之消息坎戊離己居中宮旺四季出乾入坤流行于六位

消息之中而消息獨無二卦象故云其處空虛也參同契曰天地設位而易行乎其中矣天地者乾坤之象也設位者列陰陽配合之位也乾坤各六易謂坎離日月坎離者乾坤二用二用無爻位十二消息不見坎離象朱子語類解參同契二用即乾坤用九用六殊謬周流行六虛往來既不定上下亦無常幽潛淪匿變化於中包囊萬物爲道紀綱以無制有器用者空故推消息坎離沒亡是則坎離者於五行爲土於五聲爲宮律歷志云天之中數五五爲聲聲上宮五聲莫大焉地之中數六六爲律律者著宮聲也宮以九唱六變動不居周流六虛始於子終於亥而乾坤六位畢矣十一月黃鍾乾初九至十月應鍾坤六三而一歲終

乾爲積善

坤文言曰積善之家必有餘慶積不善之家必有餘殃仲翔曰謂初乾爲積善以坤牝陽滅出復震爲餘慶乾成于震謂月三日坤積不善以乾通坤極姤生巽爲餘殃坤生于巽謂十六日仲翔又注履上九曰乾爲積善故考祥漢議郎元賓碑曰乾乾積善蕃古人以陰爲惡陽爲善朱穆奏記曰善道屬陽惡道屬陰尚書大傳攷績訓曰積不善至於幽六極以類降故黜之積善至于明五福以類升故陟之乾爲善又爲福故仲翔注謙卦云坤爲鬼害乾爲神福乾乾積善謂九三也五福攸好德其積善之謂乎

虞氏逸象

荀九家逸象三十有一載見陸氏釋文朱子采入本義虞

仲翔傳其家五世孟氏之學八卦取象十倍于九家如乾爲王乾爲君故爲王九家震爲王乾初九也爲神陽爲神爲人指九三案康成注乾鑿度曰人象乾德而生又云太乙常行乾宮降感而生人爲聖人九五爲賢人九二二升坤五故曰賢人爲君子謂九三三于三才爲人道爲善人乾爲善爲人故爲善人乾元善之長也爲武人乾陽剛武春秋外傳曰天事武爲行人爲物乾純粹精故主爲物爲敬九三夕惕若厲厲說文引作夤夤敬也左傳成季之生也筮之遇大有之乾曰同復于父敬如君所是乾爲敬也爲威爲嚴君德威嚴太元曰地坎而天嚴爲道乾爲天道之大原出于天故乾爲道彖傳曰乾道變化爲德乾有四德爲性天命之謂性爲信坎之孚也爲善善道屬陽爲良乾善故良爲愛長人故愛爲忿乾剛武爲忿爲生爲慶陽稱慶爲祥善也爲嘉四德亨者嘉之會爲福爲祿爲積善爲介福介大爲先坤先迷後得主故乾爲先爲始乾知大始爲知乾以易知爲大陽稱大爲盈十五乾盈甲爲肥乾盈故肥爲好賈逵曰好生于陽爲施陽主

施為利利四德之一為清乾為天輕清者為天為治乾元用九天下治為高為宗宗尊也乾為天天尊故為宗為甲乾納甲素問曰天氣始于甲為老四月乾已老為舊為古周書周祝曰天為古尚書曰若稽古帝堯鄭注云稽同也古天也為久不息則久為畏與威通為大明本卦為晝為遠虞注謙彖曰天道遠故乾為遠為郊位西北之郊為野與郊同義為門乾坤易之門為大謀坎心為謀乾稱大故為大謀為道門為百乾三爻三十六故百略其奇八與大衍之五十同義左傳陳敬仲生周史筮之遇乾之否曰庭實旅百奉之以玉帛天地之美具焉蓋艮為庭為實坤為旅為帛乾為百為王也為歲為朱乾為大赤故為朱為頂與首同義為圭為玉故為圭為蓍蓍數百與乾同白虎通引禮雜記曰蓍陽之老也坤為妣坤為喪為母母喪故稱妣為民一君二民為姓為刑人坤為刑為小人陰稱小為鬼乾神坤鬼黃帝占以坤為鬼門為尸坤為身為喪身喪故為尸為形在地成形為自為我為躬釋詁曰躬身也為身釋詁曰身我也為至至哉坤元為安坤主靜故安左傳畢萬筮仕遇屯之比辛

廖占之曰安而能殺杜預以爲坤安震殺也月令晏陰鄭注云陰稱安爲康猶安也爲富大戴禮誥志曰地作富爲財禮運曰天生時而地生財爲積爲聚爲重爲厚厚德載物爲基

爲致與至同爲用爲包爲寡坤陰水故爲寡爲徐爲營坤爲旬古文旬營通詩江漢來旬來宣箋云旬當爲營此其證爲下地卑故下爲裕坤弱故裕爲虛乾息爲盈坤消爲虛太元曰陽道常饒陰道常乏陰陽之道也爲書地事文故爲書坤爲文也爲永坤用六利永貞爲邇爲近法言曰近如地坤爲身本諸身者最近故爲邇爲近也爲思爲默爲惡好惡之惡賈逵曰惡生于陰爲禮爲義周書曰地道曰義乾鑿度曰地靜而理曰義爲事六三或從王事京房云陰爲事爲類象傳爲閉坤闔戶故閉爲客兌上爻爲恥爲欲坤陰客嗇爲欲爲過積惡故爲過爲醜坤爲夜太元夜以醜之詩中冓之言言之醜也薛君章句中冓中夜爲惡惡道屬陰春秋傳曰惟正月之朔慝未作謂建巳之月惡未作也是知陰爲惡爲怨爲害爲終代終爲死

爲喪坤喪于乙爲殺爲亂爲喪期爲積惡初六爲冥爲晦月晦于坤爲

夜爲暑 冬至復初九乾也稽覽圖曰冬至之後三十日極寒故乾爲寒夏至姤初六坤也稽覽圖曰夏至之後三十日極暑故坤爲暑 爲乙 坤納乙 爲年 爲十年 坤數十 爲盍 與闔同 爲戶

爲闔戶 繫辭 爲庶政 坤衆故爲庶坤發于事業故爲政 爲大業 繫辭 爲土爲田

爲邑爲國爲邦 坤爲土爲民民以土服故爲國爲邦 爲大邦 爲鬼方 爲鬼爲方故爲鬼方 爲器 形而下者謂之器 爲缶 坤土 爲輻 坤爲大輿故爲輻 爲虎 京房易坤爲虎刑 爲黃牛

震爲帝 帝出乎震 爲主 主器 爲諸侯 漢司徒丁恭曰古者帝王封諸侯不過百里故利以建侯取法于雷逸禮王度記曰諸侯封不過百里象雷震百里 爲人 爲行人 爲行爲人故爲行人

爲士 震初元士 爲兄爲夫 晉語司空季子論屯之震曰一夫之行也韋昭云一夫一人也震一索而得男故曰一夫 爲元夫爲行 韋昭曰震爲作足故爲行晉語曰一夫之行也 爲征 猶行也 爲出 三日出震 爲逐 震爲驚走故稱逐 爲作 東作之義震爲作足作起也震起故爲作 爲興 猶起也

爲奔爲奔走爲驚衛爲百 論語讖曰雷震百里聲相附宋均注雷動百里故因以制

闕也鄭炎對事曰或曰雷震驚百里何以知之炎曰以其數知之夫陽動爲九其數三十六陰靜爲八其數三十二一陽動二陰故曰百里爲言爲講爲議爲問爲語爲告震善鳴故有諸象爲
響爲音震爲鼓故爲音爲應同聲相應鄭注曲禮曰雷之發聲物無不同時應者爲交爲懲
爲反爲後爲長子故爲後爲世世子爲從春秋傳大子曰冢子君行則守有守則從故爲從
爲守守宗廟社稷爲左震在卯卯爲左爲生震春爲生又月三日生明爲緩爲寬仁
太玄曰三八爲木性仁情喜震爲春春主仁樂緯稽耀嘉曰仁者有惻隱之心本生于木注云仁生于木故惻隱出
于自然也爲樂春秋繁露曰春蠢也蠢蠢然喜樂之貌爲笑本卦爲大笑爲陵震爲阪生
阪陵阪爲祭主祭爲鬯長子主祭器爲草莽太玄曰爲草爲百穀爲百爲稼故爲
百穀爲麋鹿麋鹿善驚震驚之象京房易傳曰震遂泥厥咎國多麋爲筐服虔曰震爲竹竹爲筐
爲趾足也坎爲雲上坎爲雲下坎成雨爲玄雲爲大川爲志心志一也爲謀
洪範謀屬水釋言曰謀心也爲惕加憂爲惕爲疑爲恤爲逖恤逖皆憂也爲悔坎心

爲悔爲涕洟爲疾爲災爲破爲罪爲悖爲欲坎水爲欲爲淫坎水爲淫爲獄坎爲叢棘故爲獄爲暴坎盜爲暴爲毒爲虛爲瀆煩瀆之瀆爲孚爲平水性平爲則法則爲經六經之經爲法見左傳太玄曰一六爲水類爲法爲蘩坎爲蘩棘爲聚爲習本卦爲美坎爲美脊故美爲後爲入爲納納古作內與入同義爲臀爲要爲膏坎雨稱膏太玄曰類爲膏注云潤萬物也爲陰夜坎月夜爲三歲坎上三歲不覿爲酒爲鬼太元曰類爲鬼范望注云陰所聚也爲棱桎梏之類爲弧爲弓彈爲穿木桎梏爲穿木艮爲弟爲小子爲賢人九三爲童爲童僕爲官爲友爲道爲徑路故爲道爲時爲小狐爲狼爲碩爲碩果剝卦爲愼爲順艮爲弟善事兄弟故爲順古文愼順通爲待爲執爲手故爲執爲多艮多節故爲多爲厚爲求艮兌同氣相求故爲求爲篤實見大畜象爲穴居爲城爲宮門闕宮象爲庭杜預注左傳曰艮爲門庭爲廬爲牖爲居爲舍與居同義爲宗廟爲

社稷爲星艮主斗斗建十二辰艮爲人斗合于人統朱子發引仲翔注曰離艮爲星離爲日非星也朱誤讀虞注耳爲斗艮上值斗九家易曰艮數三七九六十三三主斗爲沬小星爲肱爲背艮爲多節故稱背艮卦云艮其背爲尾爲皮艮爲膚故爲皮巽爲命本卦爲誥見姤卦爲號爲商巽近利市三倍故爲商爲隨爲處巽陽居故爲處爲歸爲利近利市爲同齊乎巽齊同也爲交爲白茅爲草莽爲草木剛爻爲木柔爻爲草爲薪爲帛爲墉爲牀巽木爲牀爲桑爲蛇位在巳爲魚郭璞曰魚者震之廢氣也朱子發曰巽王則震廢故仲翔以巽爲魚也離爲黃六二爲見相見乎離爲飛鳥體飛爲明嚮明而治爲光爲甲日出甲上爲甲胄故爲甲爲孕爲大腹故爲孕爲戎戈兵戎器爲刀爲斧爲資斧爲矢爲黃矢馬王亦云離爲矢見釋文離爲黃故又爲黃矢爲罔罔罟取諸離爲鶴爲鳥見左傳爲飛鳥爲甕爲瓶皆中虛之象兌爲友朋友講習爲朋二陽爲朋爲刑爲刑人兌秋爲刑爲小爲密爲見見雜卦仲翔曰兌陽

息二故見爲右兌在酉酉右也又手也兌爲口口助手故爲右仲翔云口助稱右說文曰右手口相助也爲少知以上取象共三百三十一乾六十坤八十二震五十坎四十六艮三十八巽二十離十九兌九雖大略本諸經然其授受必有所自非若後世鄉壁虛造漫無根據者也又說卦巽同者五震爲旉旉作專爲反生反作阪巽爲廣顙廣顙作黃桑艮爲指爲狗狗作拘兌爲羊羊作羔

孔文舉書

孔融荅虞仲翔書曰示所著易傳自商瞿以來舛錯多矣去聖彌遠衆說騁辭曩聞延陵之理樂今覩吾子之治易知東南之美者非徒會稽之竹箭也又觀象雲物察應寒温原其禍福與神合契可謂探索旁通者已方世清聖上求賢者梁邱以卦筮寧世劉向以洪範昭名想當來翔追

蹤前烈相見乃盡不復多陳藝文五十五

仲翔奏上易注曰臣聞六經之始莫大陰陽是以伏羲仰天縣象而建八卦八卦從納甲而生故云仰天縣象觀變動六爻爲六十四以通神明以類萬物臣高祖父故零陵太守光少治孟氏易兩漢以後七十子之學惟孟氏獨得其傳曾祖父故平輿令成纘述其業至臣祖父鳳爲之最密臣亡考故日南太守歆北堂書鈔一百二卷引會稽典錄曰虞歆字文肅歷郡守節操高厲魏曹植爲東阿王東阿先有三十碑銘多非實植皆毀除之以歆碑不虛獨全焉又御覽四百十一卷引會稽典錄云虞冏字季鴻少有孝行後爲日南太守似又一人受本于鳳最有舊書世傳其業至臣五世前人通講多玩章句雖有祕說于經疏闊臣生遇世亂長于軍旅習經于枹鼓之間講論于戎馬之上蒙先師之說依經立注非傳五世之學及蒙先師

之說不能注易又臣郡吏陳桃夢臣與道士相遇放髮被鹿裘布易六爻挑其三以飲臣臣乞盡吞之道士言易道在天三爻足矣在天成象納甲止據三爻豈臣受命應當知經所覽諸家解不離流俗義有不當實輒悉改定以就其正孔子曰乾元用九而天下治聖人南面蓋取諸離斯誠天子所宜協陰陽致麟鳳之道矣謹正書副上惟不罪戾

仲翔又奏曰經之大者莫過于易自漢初以來海內英才其讀易者解之率少桓寬鹽鐵論桑大夫問易中一事山東文學六十人皆不能荅班固撰孟喜傳不識箕子之明夷古文作其子讀爲荄茲至孝靈之際潁川荀諝號爲知易臣得其注有愈俗儒仲翔論兩漢之易獨推慈明最爲知言所不滿者下兩條而已仲翔注易大略本諸慈明升降卦變耳至所說西南得朋東北喪朋顛倒反逆

了不可知荀以午至申得坤一體爲得朋子至寅喪坤一體爲喪朋虞據納甲以荀說爲不然也孔子歎易曰知變化之道者其知神之所爲乎以美大衍四象之作四象謂象兩象三象四時及閏易有四象所以示也而上爲章首荀屬下章章首尤可怪笑又南郡太守馬融名有俊才其所解釋復不及諝融于易全無發明不及荀諝遠甚孔子曰可與共學未可與適道豈不其然若乃北海鄭元南陽宋忠雖各立注忠小差元而皆未得其門言忠差勝元而皆未得門而入也忠注見羣龍一節獨勝諸儒難以示世

易漢學卷二終

易漢學卷四

東吳徵士惠棟學

兵部侍郎兼都察院右副都御史巡撫河南提督軍務兼理河道欽賜一品頂帶畢沅校刊

京君明易上　附干寶

八卦六位圖　出火珠林

乾屬金　⚊壬戌土　⚊壬申金　⚊壬午火　⚊甲辰土　⚊甲寅木　⚊甲子水

李淳風曰乾主甲子壬午甲爲陽日之始壬爲陽日之終子爲陽辰之始午爲陽辰之終初爻在子四爻在午乾主陽內子爲始外午爲終也

坤屬土　⚋癸酉金　⚋癸亥水　⚋癸丑土　⚋乙卯木　⚋乙巳火　⚋乙未土

李淳風曰坤主乙未癸丑乙爲陰之始癸爲陰之終丑

爲陰辰之始未爲陰辰之終坤初爻在未四爻在丑坤主陰故内主未而外主丑也

朱震周易叢説曰甲壬得戌亥者均謂之乾不一其甲子壬子也乙癸得申未者均謂之坤不一其乙未癸未也故論乾則甲子與壬子同甲寅與壬寅同甲辰與壬辰同壬午與甲午同壬申與甲申同壬戌與甲戌同論坤則乙未與癸未同乙巳與癸巳同乙卯與癸卯同乙丑與癸丑同乙亥與癸亥同乙酉與癸酉同

震 屬木

庚戌土
庚申金
庚午火
庚辰土
庚寅木
庚子水

李淳風曰震主庚子庚午震爲長男即乾之初九甲對於庚故震主庚以父授子故主子午與父同也

巽屬木　辛卯木　辛巳火　辛未土　辛酉金　辛亥水　辛丑土

李淳風曰巽主辛丑辛未巽爲長女即坤之初六乙與辛對故巽主辛以母授女故主丑未同於母也

坎屬水　戊子水　戊戌土　戊申金　戊午火　戊辰土　戊寅木

李淳風曰坎主戊寅戊申坎爲中男故主于中辰

離屬火　己巳火　己未土　己酉金　己亥水　己丑土　己卯木

李淳風曰離主己卯己酉離爲中女故亦主于中辰

艮屬土　丙寅木　丙子水　丙戌土　丙申金　丙午火　丙辰土

李淳風曰艮主丙辰丙戌艮爲少男乾上爻主壬對丙用丙辰丙戌是第五配

兌屬金　丁未土　丁酉金　丁亥水　丁丑土　丁卯木　丁巳火

李淳風曰兌主丁巳丁亥兌爲少女坤上爻主癸對丁用丁巳丁亥乃第六配

右圖載見周易六十四卦火珠林卽納甲法也抱朴子曰案玉策記及開名經皆以五音六屬知人年命之所在子午屬庚原注震初爻庚子庚午丑未屬辛巽初爻辛丑辛未寅申屬戊坎初爻戊寅戊申卯酉屬己離初爻己卯己酉辰戌屬丙艮初爻丙辰丙戌巳亥屬丁兌初爻丁巳丁亥禮記月令正義引易林云今易林無之震主庚子午巽主辛丑未坎主戊寅申離主己卯酉艮主丙辰戌兌主丁巳亥案玉策記開名經皆周秦時書京氏之說本之焦氏焦氏又得之周秦以來先師之所傳不始于漢也

朱子發曰乾交坤而生震坎艮故自子順行震自子至戌六位長子代父也乾初子午坎自寅至子六位中男也艮自辰至寅六位少男也坤交乾而生巽離兌故自丑逆行巽自丑至卯六位配長男離自卯至巳六位配中男也兌自巳至未六位配少男也女從人者也故其位不起于未易於乾卦言大明終始六位時成則七卦可以類推

沈存中曰震納子午順傳寅申陽道順巽納丑未逆傳卯酉陰道逆案沈氏又以震巽納庚辛從下而上與胎育之理同其說非也易乾鑿度云易氣從下生兼乾坤言之也何獨六子耶　陽左行故順陰右行故逆交辰

亦然朱沈之說未盡

項平菴曰陽卦納陽干陽支陰卦納陰干陰支陽六干皆進陰六干皆退惟乾納二陽坤納二陰包括首尾則天地父母之道也

易乾九四或躍在淵干寶曰躍者暫起之言既不安於地而未能飛於天也四以初爲應謂初九甲子龍之所由升也

案乾初九甲子水干氏以喻武王孟津甲子之事故云

坤上六龍戰于野其血元黃干寶曰陰在上六十月之時也爻終於酉坤上六癸酉金而卦成於乾卦本乾也陰消成坤乾體純剛不堪陰盛故曰龍戰戌亥乾之都也故稱龍焉

蒙初六發蒙利用刑人干寶曰初六戊寅（坎初六戊寅木）平明之時天光始照故曰發蒙坎爲法律寅爲貞廉以貞用刑故利用刑人矣

案廉貞火也寅中有生火故云

井初六井泥不食干寶曰在井之下體本土爻（巽初六辛丑土）故曰泥也井而爲泥則不可食故曰不食

震六二象曰震來厲乘剛也干寶曰六二木爻（庚寅木）震之身也得位無應而以乘剛爲危此記文王積德累功以被囚爲禍也

月令季夏行春令則穀實鮮落國多風欬康成注云辰之氣乘之也未屬巽辰又在巽位二氣相亂爲害正義云案

易林云巽主辛丑未是未屬巽也

漢書王莽傳曰徵杜陵史氏女爲皇后羣臣上壽曰迺庚子雨水灑道辛丑淸靚無塵其夕穀風迅疾從東北來辛丑巽之宮日也巽爲風爲順后誼明母道得溫和慈惠之化也

朱子語類曰火珠林占一屯卦則初九是庚子六二是庚寅六三是庚辰六四是戊午（當是戊申）九五是戊申（當是戊戌）上六是戊戌（當是戊子）

京氏易積算法曰夫子曰八卦因伏羲暨乎神農重乎八純聖理元微易道難究迄乎西伯父子研理窮通上下囊括推爻考象配卦世應加乎星宿屬於六十四所二十四

氣分天地之數定人倫之理驗日月之行尋五行之端災祥進退莫不因茲而兆矣故考天地日月星辰山川草木蟲魚鳥獸之情狀運氣生死休咎不可執一隅故曰易含萬象

如京說則今占法所謂納甲世應游歸六親六神之說皆始于西伯父子也此條今京氏易傳無之載見困學紀聞案胡一桂云京君明易傳有兩種其一題云京氏易傳其間論積算法亦无起例可推及卜筮新條例占求官家宅之類及列六十四卦定三百八十四爻斷法與今下卷同而尤詳備者

八宮卦次圖

乾上爲世爻不變　姤一世　遯二世　否三世　觀四世　剝五世　晉遊魂用離　大有歸魂

震　豫　解　恒　升　井　大過用兌　隨

坎　節　屯　旣濟　革　豐　明夷用坤　師

艮　賁　大畜　損　睽　履　中孚用巽　漸

坤　復　臨　泰　大壯　夬　需用坎　比

巽　小畜　家人　益　无妄　噬嗑　頤用艮　蠱

離　旅　鼎　未濟　蒙　渙　訟用乾　同人

兌　困　萃　咸　蹇　謙　小過用震　歸妹

乾

⚊ 上爲世爻不變
⚊ 五世變剝
⚊ 四世變觀
⚊ 三世變否下體成坤
⚊ 二世變遯
⚊ 一世變姤

張行成曰若上九變遂成純坤無復乾性矣乾之世爻

上九不變九返於四而成離則明出地上陽道復行故遊魂爲晉歸魂於大有則乾體復於下矣

震

上世	五世	四世	三世	二世	一世
不變	變井	變升	變恒下體成巽	變解	變豫

坎

上世	五世	四世	三世	二世	一世
不變	變豐	變革	變既濟下體成離	變屯	變節

艮

上世	五世	四世	三世	二世	一世
不變	變履	變睽	變損下體成兌	變大畜	變賁

坤

上世	五世	四世	三世	二世	一世
不變	變夬	變大壯	變泰下體成乾	變臨	變復

張行成曰若上六變遂成純乾無復坤性矣坤之世爻

上六不變六返於四而成坎則雲上於天陰道復行故遊魂之卦爲需歸魂於比則坤體復於下矣

巽

上世	五世	四世	三世	二世	一世
不變	變噬嗑	變无妄	變益 下體成震	變家人	變小畜

離

上世	五世	四世	三世	二世	一世
不變	變渙	變蒙	變未濟 下體成坎	變鼎	變旅

兌

上世	五世	四世	三世	二世	一世
不變	變謙	變蹇	變咸 下體成艮	變萃	變困

張行成曰陰陽相爲用用九以六故乾之用在離用六以九故坤之用在坎參同契曰易謂日月（日月合爲古文易字案說文云秘書日月爲易是也）坎離者乾坤之妙用二用無爻位周流行

六虛是故乾坤互變坎離不動當遊魂爲變之際各能還其本體也經云乾道變化各正性命性命者坎離也言乾坤互變坎離不動故云各正坎爲性離爲命又云凡八卦遊魂之變乾坤用坎離坎離用乾坤震艮用巽兌巽兌用震艮皆爲陰陽互用以至六十四卦若上爻不變則皆然是故諸卦祖於乾坤皆有乾坤之性也其正以坎離爲用者惟乾坤爲然坎離肖乾坤故用乾坤

案乾用離爲晉離用乾爲訟坤用坎爲需坎用坤爲明夷故云乾坤用坎離坎離用乾坤也震用兌爲大過兌用震爲小過艮用巽爲中孚巽用艮爲頤故云震艮用巽兌巽兌用震艮也若以世變言之則乾與坤坎與離震與巽艮與兌兩卦陰陽互相爲

用也

九四爲八純本爻又在上卦故曰遊魂九三復歸本體在內卦故曰歸魂

世應附遊歸

京房易積算法曰孔子易云有四易一世二世爲地易三世四世爲人易五世八純八純俗本作六世訛爲天易游魂歸魂爲鬼易

易乾鑿度曰三畫成乾六畫成卦三畫已下爲地四畫已上爲天易氣從下生動於地之下則應於天之下動於地之中則應於天之中動於地之上則應於天之上注云天氣下降以感地故地氣動升以應天也初以四二以五三以上此之謂應

又云天地之氣必有終始六位之設皆由上下故易始於一易本無體氣變而爲一故氣從下生也分於二清濁分於二儀通於三陰陽氣交人生其中故爲三才□□□□□□□□□盛於五二壯於地五壯於天故爲盛也終於上

左傳昭五年正義曰卦有六位初三五奇數爲陽位也二四上耦數爲陰位也初與四二與五三與上位相值爲相應陽之所求者陰陰之所求者陽陽陰相值爲有應陰還值陰陽還值陽爲無應

干寶易蒙卦注曰蒙者離宮陰也世在四

謙彖曰謙亨九家易曰艮山坤地山至高地至卑以至高下至卑故謙也謙者兌世五世艮與兌合故亨

噬嗑初九屨校滅趾干寶曰屨校貫械也初居剛躁之家

震爲躁卦體貪狠之性坎爲貪狠震爲陰賊二者相得而行故云以震掩巽巽五世故掩巽強暴之男也行侵陵之罪以陷屨校之刑也

恒彖曰恒亨无咎利貞久於其道也荀爽曰恒震世也巽來乘之震三世下體成巽陰陽會合故通无咎長男在上長女在下夫婦道正故利貞久于其道也

解彖曰天地解而雷雨作雷雨作而百果草木皆甲宅荀爽曰解者震世也二世仲春之月草木萌牙雷以動之雨以潤之日以烜之故甲宅也

益六三曰王用亨于帝吉干寶曰聖王先成民而後致力於神故王用亨于帝在巽之宮三世處震之象是則倉精之帝同始祖矣

井卦曰改邑不改井干寶曰水殷德也木周德夫井德之地也所以養民性命而清潔之主者也自震化行至于五世（震五世井）改殷紂比屋之亂俗而不易成湯昭假之法度也故曰改邑不改井

豐亨王假之勿憂宜日中干寶曰豐坎宮陰世在五以其宜中而憂其側也坎爲夜離爲晝以離變坎至于天位（五爲天子）日中之象殷水德坎象晝敗而離居之周伐殷居王位之象也勿憂者勸勉之言也言周德當天人之心宜居王位故宜日中

下繫曰上古結繩而治後世聖人易之以書契百官以治萬民以察蓋取諸夬九家易曰夬本坤世（五世）下有伏坤書

之象也坤爲文上又見乾契之象也乾爲金以乾照坤察之象也夬者決也取百官以書治職萬民以契明其事契刻也大壯進而成夬大壯坤四世陽進成夬金決竹木爲書契象故法夬而作書契矣

劉禹錫辨易九六論曰董生述畢中和之語云國語晉公子親筮之曰尚有晉國得貞屯悔豫皆八按坎二世而爲屯屯六二爲世爻震一世而爲豫豫之初爲世爻屯之二豫之初皆少陰不變故謂之八兩卦至歸魂始變爲九

京房乾傳曰精粹氣純是爲游魂陸績曰爲陰極剝盡陽道不可盡滅故返陽道道不復本位爲游魂例八卦

先曾王父樸菴先生易說諱有聲字律和曰碩果不食故有游

歸

又曰陰陽代謝至於游魂繫云精氣爲物游魂爲變是故知鬼神之情狀樸菴先生曰此易緯以游歸爲鬼易也

乾彖曰大明終始荀爽曰乾起坎而終於離坤起離而終於坎離坎者乾坤之家而陰陽之府故曰大明終始

家君曰乾遊魂於火地歸魂於火天故曰終于離坤游魂於水天歸魂于水地故曰終于坎

干寶序卦注曰需坤之游魂也雲升在天而雨未降翱翔東西之象也王事未至飲宴之日也夫坤者地也婦人之職也百穀果蓏之所生禽獸魚鼈之所託也而在游魂變化之象卽烹爨腥實以爲和味者也故曰需者飲食之道

也

又訟卦注曰訟離之游魂也離爲戈兵此天氣將刑殺訟主八月聖人將用師之卦也

隨彖曰隨剛來而下柔動而說隨大亨貞无咎荀爽曰隨者震之歸魂震歸從巽故大通震三世下體成巽至歸魂始復本體動爻得正故利貞陽降陰升嫌於有咎動而得正故无咎

蠱彖曰蠱元亨而天下治也荀爽曰蠱者巽也巽歸合震巽三世至游魂皆震也故元亨也蠱者事也備物致用故天下治也

姤彖曰天地相遇品物咸章也荀爽曰謂乾成於巽而舍於離坤出於離與乾相遇南方夏位萬物章明也九家易曰謂陽起子運行至四月六爻成乾巽位在巳故言乾成

於巽既成傳舍于離坤萬物皆盛大從離出與乾相遇故言天地遇也

家君曰乾一世內卦四世外卦皆巽也故言乾成于巽遊魂于火地晉故言舍于離坤歸魂于火天大有故言出于離與乾相遇又案巽本宮四月卦也一世內卦四世外卦皆乾也知巽亦成于乾

飛伏

朱子發曰凡卦見者爲飛不見者爲伏飛方來也伏既往也說卦巽其究爲躁卦例飛伏也太史公律書曰冬至一陰下藏一陽上舒此論復卦初爻之伏巽也六十卦飛伏詳京房易傳

唐六典曰凡易用四十九筭分而揲之凡十八變而成卦又視卦之八氣王相囚貞胎沒休廢及飛伏世應而使焉

京房易傳曰夏至起純陽陽爻位伏藏冬至陽爻動陰氣凝地

乾初九潛龍勿用象曰潛龍勿用陽在下也朱子發曰左傳蔡墨曰在乾之姤曰潛龍勿用初九變坤下有伏震潛龍也（此漢易說）

坤上六龍戰于野荀爽曰消息之位坤在於亥下有伏乾爲其兼（王弼改作嫌）于陽故稱龍也

睽彖曰說而麗乎明柔進而上行得中而應乎剛仲翔曰

剛謂應乾五伏陽非應二也與鼎五同義也

鼎彖曰柔進而上行得中而應乎剛是以元亨仲翔曰柔謂五得上中應乾五剛亦是伏陽巽爲進震爲行非謂應二剛與聯五同義也

坤文言曰易曰履霜堅冰至蓋言順也荀爽曰霜者乾之命令坤下有伏乾履霜堅冰蓋言順也乾氣加之性而讀爲能猶耐也堅象臣順君命而成之

又曰陰雖有美含之以從王事弗敢成也荀爽曰六三陽位下有伏陽坤陰卦也雖有伏陽含藏不顯以從王事要待乾命不敢自成也

困象曰君子以致命遂志虞仲翔曰君子謂三伏陽也

案六三戊午火故云伏陽

繫辭上曰樂天知命故不憂荀爽曰坤建於亥乾立於巳陰陽孤絶其法宜憂坤下有伏乾爲樂天乾下有伏巽爲知命巽爲命陰陽合居故不憂

繫辭下曰龍蛇之蟄以全身也仲翔曰蟄潛藏也龍潛而蛇藏陰息初巽爲蛇陽息初震爲龍十月坤成十一月復生姤巽在下龍蛇俱蟄初坤爲身故以全身也

又云利用安身以崇德也九家易曰利用陰道用也謂姤時也陰升上究則乾伏坤中屈以求信陽當復升安身默處也

貴賤

乾鑿度曰初爲元士（在位卑下）二爲大夫三爲三公四爲諸侯五爲天子上爲宗廟（宗廟人道之終）凡此六者陰陽所以進退君臣所以升降萬民所以爲象則也

坤六三或從王事干寶曰陽降在四（自否來）三公位也陰升在三三公事也

訟上九或錫之鞶帶荀爽曰鞶帶宗廟之服三應於上上爲宗廟故曰鞶帶也

師上六大君有命開國承家干寶曰離上九曰王用出征有嘉折首上六爲宗廟武王以文王行故正開國之辭於宗廟之爻明已之受命文王之德也

解上六公用射隼仲翔曰上應在三公謂三伏陽也

損彖曰曷之用二簋可用享荀爽曰二簋謂上體二陰也上爲宗廟簋者宗廟之器故可享獻也

益六三有孚中行告公用圭仲翔曰公謂三伏陽也三公位乾爲圭圭玉也乾之二故告公用圭卦自否來乾爲玉故稱乾

巽上九巽在牀下九家易曰上爲宗廟禮封賞出軍皆先告廟然後受行三軍之命將之所專故曰巽在牀下也

繫辭下曰二與四同功而異位崔憬曰二主士大夫位佐於一國四主三孤三公牧伯之位佐於天子皆同有助理之功也二士大夫位卑四孤公牧伯位尊故有異也

又云三與五同功而異位崔憬曰三諸侯之位五天子之位同有理人之功而君臣之位異者也

爻等

繫辭下曰爻有等故曰物干寶曰等羣也爻中之義羣物交集五星四氣六親九族福德刑殺衆形萬類皆來發於爻故總謂之物也

京房乾卦傳曰水配位爲福德（陸績曰甲子水是乾之子孫）木入金鄉居寶貝（甲寅木乾之財）土臨內象爲父母（甲辰土乾父母）火來四上嫌相敵（壬午火乾宮鬼）金入金鄉木漸微（壬申金同位傷木）

京房易積算法曰孔子曰八卦鬼爲繫爻財爲制爻天地爲義爻（陸績曰天地即父母也）福德爲寶爻（福德即子孫也）同氣爲專爻（兄弟爻也）

抱朴子引靈寶經（周秦時書）謂支干上生下曰寶日（原註甲午乙巳

是也下生上曰義曰（壬申癸酉是也）上克下曰制曰（戊子巳亥是也）下克上曰伐曰（甲甲乙酉是也）上下同曰專曰又云入山當以寶曰及義曰若專曰者大吉以制曰伐曰必死

淮南天文曰子生母曰義母生子曰保（與寶通）子母相得曰專母勝子曰制子勝母曰困（困卽繫也）以勝擊殺勝而無報以專從事而有功以義行理名立而不墮以保畜養萬物蕃昌以困舉事破滅死亡淮南之說與京房及靈寶經合蓋周秦以來相傳之法九師言易安知不用是爲占歟（師法用辰不用日故京易止據辰也）

參同契曰水以土爲鬼

今占法水以土爲官以火爲妻案左傳曰火水妃也蓋

從所勝者名之故鄭康成注尚書鴻範曰木八爲金九妻也

比六三比之匪人象曰比之匪人不亦傷乎干寶曰六三乙卯坤之鬼吏在比之家有土之君也周爲木德卯爲木辰同姓之國也爻失其位辰體陰賊（卯木以陰氣賊害土故爲陰賊）管蔡之象也比建萬國唯去此人故曰比之匪人不亦傷王政也

小畜九五象曰有孚攣如不獨富也九家易曰有信下三爻也體巽故攣如如謂連接其隣隣謂四也五以四陰作財（卦體木六四辛未土乃制爻也故爲財）與下三陽共之故曰不獨富也

隨初九官有渝（此易經官爻之明文）貞吉出門交有功九家易曰渝

變也謂陽來居初德正為震震為子得土之位故曰官也陰陽出門相與交通陰往之上亦不失正故曰貞吉而交有功

先儒皆以隨為否上之初初柔升上是乾之上九居坤初為震坤之初六升乾上而為兌也震初庚子水得坤初乙未土之位故曰官有渝水以土為官鬼官鬼變則吉也上本陰位故陰往之上亦不失正

漢書王莽傳曰太后聽公卿采莽女有詔遣大司徒大司空策告宗廟雜加卜筮皆曰兆遇金水王相（服虔曰卜法橫者為土立者為木邪向經者為金背經者為火因兆而細曲者為水孟康曰金水相生也）卦遇父母得位（父母者京房所謂天地父也皇后母天下父母得位故吉）所謂康強之占逢吉之符也

貞悔

尚書鴻範曰曰貞曰悔又云卜五占用句二衍忒句鄭氏曰二衍忒謂貞悔也

左傳僖九年曰秦伯伐晉卜徒父筮之其卦遇蠱曰蠱之貞風也其悔山也

晉語曰公子親筮之曰尚有晉國得貞屯悔豫皆八韋昭曰震在屯爲貞在豫爲悔

京房易傳曰靜爲悔發爲貞

唐六典曰凡內卦爲貞朝占用之外卦爲悔暮占用之

胡氏炳文曰乾上九外卦之終曰有悔坤六三內卦之終曰可貞貞悔二字豈非發諸卦之凡例歟

易漢學卷四終

易漢學卷五

東吳　徵士　惠棟　學

兵部侍郎兼都察院右副都御史巡撫河南提督軍務兼理河道　欽賜一品頂帶畢沅校刊

京君明易下

五行

京房易積算法曰寅中有生火孟康曰南方火火生於寅盛于午亥中有生木東方木木生於亥盛於卯巳中有生金西方金金生于巳盛于酉申中有生水北方水水生於申盛于子詩緯含神霧曰集微揆著上統元皇下序四始羅列五際推度災曰建四始五際而八節通汎歷樞曰午亥之際爲革命卯酉之際爲改正辰在天門出入候聽亥水始也寅木始也巳火始也申金始也丑中有死金孟康曰丑窮金也戌中有死火戌窮火也未中有死木未窮木也說文曰五行木老於未辰中有死水辰窮水也土兼於中此卽後世術家長生訣之

先河也長生訣有十二辰見唐六典

淮南天文曰凡日甲剛乙柔丙剛丁柔以至于癸木生于亥壯於卯死於未三辰皆木也火生于寅壯於午死於戌三辰皆火也土生於午壯於戌死於寅三辰皆土也金生於巳壯於酉死於丑三辰皆金也水生於申壯於子死於辰三辰皆水也故五勝生一壯五終九

案乾鑿度言物有始有壯有究即生一壯五終九之說

高堂隆議臘用日云王者各以其行之盛而祖以其終而臘水始於申盛於子終於辰故水行之君以子祖以辰臘火始於寅盛於午終於戌故火行之君以午祖以戌臘木始於亥盛於卯終於未故木行之君以卯祖以未臘金始

於巳盛於酉終於丑故金行之君以酉祖以丑臘土始於未盛於戌終於辰故土行之君以戌祖以辰臘

博士秦靜議易曰坤爲土土爲西南成德在未故大魏以未祖戌者歲終日窮之辰不宜以爲歲初祖祭之行始也易曰坤利西南得朋東北喪朋丑者土之終故以丑臘終西復始乃終有慶宜如前以未祖丑臘通典四十四

翼奉上封事曰北方之情好也好行貪狠申子主之孟康曰水性觸地而行觸物而潤多所好故多好則貪而無厭故爲貪狠也東方之情怒也怒行陰賊亥卯主之木性受水氣而生貫地而出故爲怒以陰氣賊害土故爲陰賊也貪狠必待陰賊而後動陰賊必待貪狠而後用二陰並行是以王者忌子卯也禮經避之春秋諱焉李奇曰北方陰也卯又陰賊故爲二陰王者忌之不

衆樂張晏曰子刑卯卯刑子相刑之日故以爲忌南方之情惡也惡行廉貞寅午主之孟康曰火性炎猛無所容受故爲惡其氣精專嚴整故爲廉貞西方之情喜也喜行寬大巳酉主之金之爲物喜以利刃加於萬物故爲喜利刃所加無不寬大故曰寬大也二陽並行是以王者吉午酉也詩曰吉日庚午上方之情樂也樂行姦邪辰未主之上方謂北與東也陽氣所萌生故爲上辰窮水也未窮木也翼氏風角曰木落歸本水流歸末故木利在亥水利在辰盛衰各得其所故樂也水窮則無隙不入木上出窮則旁行故爲姦邪下方之情哀也哀行公正戌丑主之下方謂南與西也陰氣所萌故爲下戌窮火也丑窮金也翼氏風角曰金剛火強各歸其鄉故火刑于午金刑於酉酉午金火之盛也盛將而受刑至窮無所歸故曰哀也火性無所私金性方剛故曰公正辰未屬陰戌丑屬陽萬物各以其類

五行休王論御覽曰立春艮王震相巽胎離沒坤死兌囚乾

廢坎休立夏巽王離相坤胎兌沒乾死坎囚艮廢震休立秋坤王兌相乾胎坎沒艮死震囚巽廢離休立冬乾王坎相艮胎震沒巽死離囚坤廢兌休唐六典以王相囚死胎沒休廢爲卦之八氣王充論衡所載畧同又云王之衝死相之衝囚王相衝位有死囚之氣也京房易占曰夏至離王景風用事人君當爵有德封有功立秋坤王涼風用事此與休王論之誼正合

淮南墬形曰木壯水老火生金囚土死火壯木老土生水囚金死土壯火老金生木囚水死金壯土老水生火囚木死水壯金老木生土囚火死

太元曰五行用事者王王所生相故王廢勝王囚王所勝

死

占驗

易緯辨終備曰魯人商瞿使向齊國瞿年四十今後使行遠路畏慮恐絕無子夫子正月與瞿母筮告曰後有五丈夫子子貢曰何以知子曰卦遇大畜艮之二世九二甲寅木爲世六五景（諱丙爲景）子水爲應世生外象生象來爻生互內象艮別子應有五子一子短命顔回云何以知之內象是本子一艮變爲二醜三陽爻五於是五一子短命何以知短命他以故也（有缺誤）

繫辭下曰凡易之情近而不相得則凶或害之朱子語類曰凶或害之如火珠林占法凶神動與世不相關不能爲

害惟是克世則爲害

漢書西域傳武帝詔曰古者卿大夫與謀參以蓍龜不吉不行迺者匈奴縛馬前後足不詳祥甚哉易之卦得大過爻在九五匈奴困敗公車方士太史治星望氣及太卜蓍龜皆以爲吉匈奴必破今計謀卦兆皆反謬程舜俞集筮法師春曰大過木兆卦也外克內應克世之兆所以敗也

案大過震游魂故云木兆卦五動又成震初六辛丑土乃震之財故云外克內然大過九四丁亥水也而受制于辛丑之土九四立世初六爲應故云應克世當時諸臣以漢爲內卦匈奴爲外卦故皆云吉而實反謬也

干寶晉紀曰陸抗之克步闡晧意張大乃使尚廣筮并天

下遇同人之頤對曰吉庚子歲青蓋當入洛陽

案頤巽游魂也六四丙戌主世初九庚子爲應震爲木故云青蓋朱子發曰庚子震初爻也震少陽數七鳳皇元年至天紀四年春三月吳入晉實七年

南史曰梁大同中同泰寺災帝召太史令虞履筮之遇坤履曰無害其繇曰西南得朋東北喪朋安貞吉文言曰東北喪朋乃終有慶帝曰斯魔也酉應見卯金來克木卯爲陰賊用翼奉語鬼而帶賊非魔何也案坤上六癸酉立世六三乙卯爲應故曰酉應見卯

邱說三國典略曰齊趙翅輔和明易善筮有人父疾輔和筮之遇乾之晉告之以吉退而謂人曰乾爲父天變魂而昇於天能無死也果如其言

粱元帝金樓子自敘曰初至荆州卜雨聊附見首末孟秋之月亢陽日久月旦雖雨俄爾便晴有人曰諺云雨月額千里赤蓋旱之徵也吾乃端筴拂蓍遇動不動既而言曰庚子爻爲世於金七月建申申子辰又三五合必在此月五日庚子果値甘雨余又以十七日筮於時雲卷金翅曰輝合璧紅塵暗陌丹霞映峙謂亢陽之勢未霑膏澤筮遇坎之比於是輟蓍而嘆曰坎者水也子爻爲世（坎上九其戊子水）在金今夜三更平地上有水稱之爲比其方有甘雨乎欣然有自得之志（宋本御覽七百二十八）

後漢司徒魯恭引易曰有孚盈缶終來有它吉言甘雨滿我之缶誠來有它而吉已元帝以比有甘雨本此

又曰姚文烈善龜卜謂余曰此二十一日將雨其在虞淵之時余乃筮之遇謙之小過既言曰坤艮二象俱在土宫非直無雨乃應開霽俄而星如玉李月上金波霧生猶縠河帶似帶余乃欣然七百二十八

京氏占風雨寒温

漢書天文志曰月爲風雨日爲寒温

王充論衡曰易京氏布六十四卦於一歲中六日七分一卦用事卦有陰陽氣有升降陽升則温陰升則寒寒温隨卦而至

漢書京房傳曰房治易事梁人焦延壽延壽字贛其説長於災變分六十四卦更值日用事以風雨寒温爲候各有

占驗房用之尤精

易乾鑿度曰太初者氣之始鄭康成注云太初之氣寒溫始生也

鄭康成注易通卦驗曰春三月候卦氣者泰也大壯也夬也皆九三上六朱子發曰坎九五上六泰震初九六二大壯震六三夬夏三月候卦氣者乾也姤也遯也皆九三上九震九四六五乾震上六離初九姤離六二九三遯秋三月候卦氣者否也觀也剝也皆六三上九離九四六五否離上九兌初六觀兌九二六三剝冬三月候卦氣者坤也復也臨也皆六三上六兌九四九五坤兌上六坎初六復坎九二六三臨

魏正光歷曰九三應上九清淨微溫陽風九三應上六絳赤絳一作降決溫陰雨六三應上六白濁微寒陰雨六三應上

九麴塵決寒陽風諸卦上有陽爻者陽風上有陰爻者陰雨

易緯稽覽圖曰有實無貌詘道人也有貌無實佞人也康成注曰有寒溫無貌濁清靜與淨通此賢者詘仕于不肖君也有貌濁清靜無寒溫此佞人以便巧仕於世也

孟長卿說易本于氣而後以人事明之風雨寒溫氣也道人佞人以人事明之也

京房上封事曰臣前以六月言遯卦不效效見也法曰道人始去寒涌水為災至其七月涌水出臣弟子姚平謂臣曰房可謂知道未可謂信道也房言災異未嘗不中今涌水已出道人當逐死尚復何言

案遯六月辟卦也道人有寒温無貌濁清靜道人去佞人來有貌濁清靜而無寒温是以辟卦不效當温反寒而有涌水之災

郎顗上便宜七事曰去年已來兌卦用事類多不效易傳曰有貌無實佞人也有實無貌道人也寒温爲實清濁爲貌今三公皆令色足恭外厲内荏以虛事上無佐國之實故清濁效而寒温不效也是以陰寒侵犯消息占曰日乘則有妖風日蒙則有地裂如是三年則致日食陰侵其陽漸積所致立春前後温氣應節者詔令寛也其後復寒者無寛之實也

史記言絳侯東陽侯兩人言曾不能出口此有實無貌

者也嗇夫喋喋利口捷給此有貌無實者也

京房上封事曰乃丙戌小雨丁亥蒙氣去然少陰并力而乘消息戊子益甚到五十分蒙氣復起此陛下欲正消息雜卦之黨并力而爭消息之氣不勝彊弱安危之機不可不察己丑夜有還風盡辛卯太陽復侵色至癸巳日月相薄此邪氣同力而太陽爲之疑也孟康注曰諸卦氣以寒温不效後九十一日爲還風還風暴風也風爲教令言正令還也

京房易傳曰潛龍勿用衆逆同志至德乃潛厥異風初九坤之復坤亂于上故衆逆同志乾陽隱初故至德乃潛坤爲土風屬土故厥異風其風也行不解物不長雨小而傷陽息至二體兌兌爲澤故雨小爲毀折故傷政悖德隱茲爲亂

坤反君道故爲亂厥風先風不雨消息無坎故先風不雨大風暴起發屋折木守義不進茲爲耗厥風與雲俱起折五穀莖臣易上政茲謂不順厥風大焱發屋賦斂不理茲謂禍厥風絶經緯坎離爲經震兌爲緯絶經緯四時不正也止即温温即蟲侯專封侯卦也茲謂不統厥風疾而樹不搖穀不成辟不思道利辟卦也茲謂無澤厥風不搖木旱無雲傷禾公常於利三爲三公茲謂亂厥風微而温生蟲蝗害五穀弃正作淫茲謂惑厥風温螟蟲起害有益人之物侯不朝侯卦茲謂叛厥風無恒地變赤而殺人郎顗詣闕拜章曰今立春之後火卦用事當温而寒違反時節

易緯稽覽圖曰侵消息者或陰專政或陰侵陽康成注云

温卦以温侵寒卦以寒侵陽者君也陰者臣也專君政事亦陰侵陽也

參同契曰君子居室順陰陽節藏器俟時勿違卦月謹候日辰審察消息纖介不正悔吝爲賊憂悔吝者存乎介介纖介也二至改度乖錯委曲隆冬大暑盛夏霜雪二分縱横不應漏刻水旱相伐風雨不節蝗蟲湧沸羣異旁出皆卦氣悖亂之徵

郎顗七事曰今春當旱夏必有水以六日七分候之可知

樊毅修華嶽碑曰風雨應卦灑潤萬物

東觀漢記曰沛獻王輔善京氏易永平五年京師少雨上御雲臺自卦以周易林占之其繇曰蟻封穴戶大雨將一作時至上以問輔輔上書曰蹇艮下坎上艮爲山坎爲水山

出雲爲雨蟻穴居知雨將至故以蟻爲興御覽十卷又七百二十七卷

周易集林雜一作象占曰占天雨否外卦得陰爲雨得陽不雨其爻發變得坎爲雨得離不雨巽化爲坎先風後雨坎化爲巽先雨後風御覽初學記

易通卦驗曰乾得坎之蹇則當夏雨雪御覽十二卷

蒙氣

易蒙彖曰初筮告以剛中也再三瀆瀆則不告瀆蒙也荀爽曰再三謂三與四也乘陽不敬故曰瀆瀆不能尊陽蒙氣不除故曰瀆蒙也

易緯稽覽圖曰日食之比陰得陽蒙之比也比音庇陰冒陽也康成注云蒙氣也比非一也邪臣謀覆冒其君先霧從

夜昏起或從夜半或平旦君不覺悟日中不解遂成蒙君復不覺悟下爲霧也

郎顗曰易內傳曰久陰不雨亂氣也蒙之比也蒙者君臣上下相冒亂也後漢書本傳

京房上封事建昭三年二月朔曰辛酉以來蒙氣衰去已卯臣拜太守迺辛巳蒙氣復來卦太陽侵色此上大夫覆陽而上意疑也

房至陝復上封事曰乃丙戌小雨丁亥蒙氣去然少陰并力而乘消息戊子益甚到五十分蒙氣復起孟康曰分一日爲八十分分起夜半是爲戊子之日日在巳西而蒙也蒙常以晨夜今向中而蒙起是臣黨盛君不勝也

後漢書黃瓊上疏順帝曰間者㠯來卦位錯繆寒燠相干蒙氣數興日闇月散原之天意殆不虛然

京房易傳曰有蜺蒙霧霧上下合也蒙如塵臣私祿及親茲謂罔辟（辟卦君也）厥異蒙其蒙先大溫已蒙起日不見行善不請于上茲謂作福蒙一日五起五解辟不下謀臣辟異道（臣指雜卦）茲謂不見蒙下霧風三變而俱解立嗣子疑慈謂動欲（繼嗣不定）蒙赤日不明德不序茲謂不聰蒙日不明溫而民病德不試茲謂主窳臣夭（君惰窳用人不以次第爲夭）蒙起而白君樂逸人茲謂放蒙日青黑雲夾日左右前後過日公不任職（公卦）茲謂怙祿蒙三日又大風五日蒙不解利邪以食茲謂閉上蒙大起白雲如山行蔽日公懼不道茲謂蔽（一作閉下）

同下蒙大起日不見若雨不雨至十二日解兩卦而有大雲蔽日祿生於下茲謂誣君蒙微而小雨已乃大雨下相攘善茲謂盜明蒙黃濁下陳功求於上茲謂不知蒙微而赤風鳴條解復蒙下專刑茲謂分威蒙而日不得明大臣厭小臣茲謂蔽蒙微日不明若解不解大風發赤雲起而蔽日衆不惡惡茲謂蔽蒙尊卦用事孟康曰尊卦乾坤也臣瓚曰京房謂之方伯卦震兌坎離也師古曰孟說是三而起日不見漏言亾喜茲謂下厝千各反蒙微日無光有雨雲雨不降廢忠惑佞茲謂亾蒙天先清而暴蒙微而日不明有逸民茲謂不明蒙濁奪日光公不任職茲謂不絀蒙白三辰止則日青青而寒寒必雨忠臣進善君不試茲謂遏蒙先小雨雨已蒙起微而日不明惑

衆在位玆謂覆國蒙微而日不明一溫一寒風揚塵知佞厚之玆謂庳蒙甚而溫君臣故弼弼相戾也玆謂悖厥災風雨霧風拔木亂五穀已而大霧庶正蔽惡玆謂生孽災厥異霧此皆陰雲之類云

世卦起月例

胡一桂京易起月例曰一世卦陰主五月一陰在午也陽主十一月一陽在子也二世卦陰主六月二陰在未也陽主十二月二陽在丑也三世卦陰主七月三陰在申也陽主正月三陽在寅也四世卦陰主八月四陰在酉也陽主二月四陽在卯也五世卦陰主九月五陰在戌也陽主三月五陽在辰也八純上世陰主十月六陰在亥也陽主四

月六陽在巳也遊魂四世所主與四世卦同歸魂三世所主與三世同

干寶注蒙彖曰蒙者离宮陰也世在四八月之時降陽布德薺麥並生陽胎于酉仲而息來在寅息消息故蒙於世爲八月於消息爲正月卦也四世卦陰主八月

又注比彖曰比坤之歸魂也亦世於七月而息來在巳義與師同也三世卦陰主七月

卦身考

震六二震來厲干寶曰六二木爻震之身也得位無應而以乘剛爲危

案震爲木六二庚寅亦木也故曰震之身然則乾之九

四壬申金坎巽離之上爻戊子水辛卯木己巳火兌之九五丁酉金皆身也坤艮有二身坤初六乙未六四癸丑艮初六丙辰六四丙戌皆土也所未詳也

洞林曰義興郡丞叔寶得傷寒疾積日危困令卦得遯之姤其林曰卦象出墓氣家四艮爲乾墓世主丑故卜時五月申金在四變身見絕鬼潛遊身在丙午夏入辛亥在五月爻墓充刑鬼煞俱壬戌爲鬼墓而初六爲戌刑刑在占故言充刑五月白虎在卯與月煞并也卜病得此歸蒿丘誰能救之坤上牛以下爻見丑爲牛亥爲子能扶身克鬼之厭虎煞上令伏不動若依子色吉之尤巽主辛丑丑爲白虎金色復徵以和解鬼及虎煞皆相制也

案丙午世也注云身在丙午夏是以世爲身也辛亥子也丙午變從之午本鬼也變以扶身可以伏鬼

洞林曰揚州從事愼曜伯婦病其兄周產武令吾作卦得蹇身在戊土與坎鬼并卦中當有從東北田家市黑狗畜之以代人任患御覽九百六郭洞林又以世爲身詳本書案蹇兌宮陰也世在四戊土謂九五戊戌土此世在四者以五爲身與干寶巽坎鬼者六二丙午火兌之鬼吏又互坎故云與坎鬼并云東北田家市黑狗畜之以代人任患者艮東北之卦蹇從觀來觀坤爲田二爲家觀巽爲近市坤爲黑艮爲狗故云東北田家市黑狗身在戊土戊亦狗也故云畜之以代人任患景純之說猶是漢學

以錢代蓍

儀禮士冠禮曰筮與席所卦者鄭注云所卦者所以畫地記爻易曰六畫而成卦賈疏曰筮法依七八九六之爻而記之但古用木畫地今則用錢古謂三代今謂漢以後以三少爲重錢重錢則九也三多爲交錢交錢則六也兩多一少爲單錢單錢則七也兩少一多爲坼錢坼錢則八也案少牢曰卦者在左坐卦以木故知古者畫卦以木也

唐六典曰凡易之策四十有九注云用四十九算分而揲之其變有四一曰單爻二曰坼爻三曰交爻四曰重爻凡十八變而成卦案此則揲蓍亦用交單重坼之說

胡一桂筮法變卦說平菴項氏曰以京易考之世所傳火珠林者卽其法也以三錢擲之兩背一面爲坼卽兩少一

多少陰爻也兩面一背爲單即兩多一少少陽爻也俱面爲交交者坼之聚即三多老陰爻也俱背爲重重者單之積即三少老陽爻也蓋以錢代蓍一錢當一揲此後人務徑截以趨卜肆之便而本意尚可考

唐于鵠江南曲曰衆中不敢分明語暗擲金錢卜遠人

朱子語類六十六卷曰今人以三錢當揲蓍此是以納甲附六爻納甲乃漢焦贛京房之學

又云南軒家有眞蓍云破宿州時得之又曰南軒語卜易卦以錢以甲子起卦始於京房

火珠林

張行成元包數總義曰揚子雲太廟諱其法本於易緯卦氣

圖衛先生元包其法合於火珠林卦氣圖之用出於孟喜章句火珠林之用祖於京房

又云火珠林以八卦爲主四陰對四陽所謂天地定位山澤通氣雷風相薄水火不相射其於繫辭則說卦之義也

朱子語類曰魯可幾曰古之卜筮恐不如今日所謂火珠林之類否曰以某觀之恐亦自有這法如左氏所載則支干納音配合之意似亦不廢如云得屯之比既不用屯之辭亦不用比之辭卻自別推一法恐亦不廢道理也

又曰火珠林猶是漢人遺法

又曰七十七卷伊川說未濟男之窮爲三陽失位以爲斯義得之成都隱者見張欽夫說伊川之在涪也方讀易有箍桶

人以此問伊川伊川不能答其人云三陽失位火珠林上已有伊川不曾雜書所以被他說動了

又曰六十六卷易中言帝乙歸妹箕子明夷高宗伐鬼方之類疑皆當時帝乙高宗箕子曾占得此爻故後人因而記之而聖人以入爻也如漢書大横庚庚余為天王夏啟以光亦是啟曾占得此爻也火珠林亦如此

陳振孫書目趙解曰今賣卦者擲錢占卦盡用此書

季本曰火珠林者出於京房而為此書者不知何人

困學記聞曰納甲之法朱文公謂今所傳京房占法見於火珠林是其遺說

易漢學卷五終

易漢學卷六

東吳惠棟學

兵部侍郎兼都察院右副都御史巡撫河南提督軍務兼理河道欽賜一品頂帶畢沅校刊

鄭氏周易爻辰圖

十二月爻辰圖

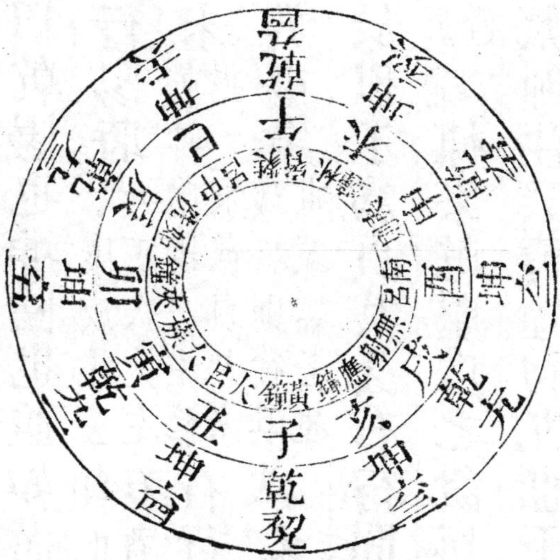

周易乾鑿度曰：乾陽也，坤陰也，並如而交錯行。乾貞於十一月子，左行，陽時六；康成注云：貞，正也。初爻以此爲正，次爻左右者各從次數之。坤貞於六月未，乾坤，陰陽之主，陰退一辰，故貞於未。右行，陰時六，以順成其歲。歲終從於屯蒙。歲終則從其次屯蒙需訟也。又云：陰卦與陽卦同位者，退一辰以未爲貞，其爻右行，間時而治六辰。陰陽同位，陰退一辰，謂左右交錯相避。棟案：乾鑿度之說與十二律相生圖合。鄭于周禮太師注云：黃鍾初九也，下生林鍾之初六，林鍾又上生太蔟之九二，太蔟又下生南呂之六二，南呂又上生姑洗之九三，姑洗又下生應鍾之六三，應鍾又上生蕤賓之九四，蕤賓又上生大呂之六四，大呂又下生夷則之九五，夷則又上生夾鍾之六五，夾鍾又下生無射之上九無射又上生中呂之上六韋昭注周語云十一月黄鐘乾初九也十二月大呂坤六四也正月太蔟乾九二也二月夾鐘坤六五也三月姑洗乾九三也四月中呂坤上六也五月蕤賓乾九四也六月林鐘坤初六也七月夷則乾九五也八月南呂坤六二也九月無射乾上九也十月應鐘坤六三也鄭氏注易陸績注太玄皆同前說是以何妥文言注以初九當十一月九二當正月九三當三月九四當五月九五當七月上九當九月也宋儒朱子發作十二律圖六二在巳六三在卯六五在亥上六在酉是坤貞于未而左行其誤甚矣今作圖以正之並附鄭氏易說于後

爻辰所值二十八宿圖

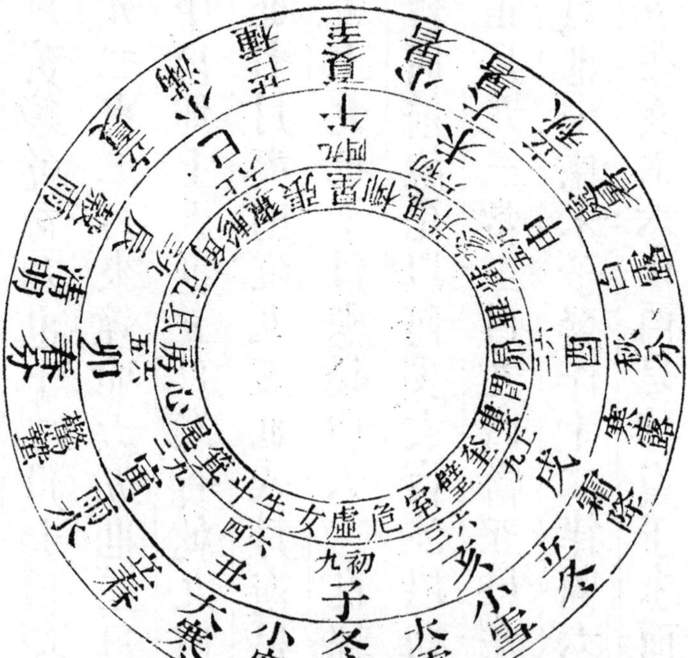
子
丑
寅
卯
辰
巳
午
未
申
酉
戌
亥
冬至
小寒
大寒
立春
雨水
驚蟄
春分
清明
穀雨
立夏
小滿
芒種
夏至
小暑
大暑
立秋
處暑
白露
秋分
寒露
霜降
立冬
小雪
大雪
虛女牛斗箕尾心房氐亢角軫翼張星柳鬼井參觜畢昴胃婁奎壁室危

右圖朱子發云子寅辰午申戌陽也乾之六位未巳卯丑亥酉此亦誤當云未酉亥丑卯巳所謂右行陰時六也陰也坤之六位位之升降不違其時故曰大明終始六位時成棟案康成注月令云正月宿直尾箕八月宿直昴畢六月宿直鬼又云六月宿直東井九月宿直奎十月宿直營室又云卯宿直房心二月申宿直參伐七月又注季冬云此月之中日歷虛危參同契曰青龍處房六兮春花震東卯白虎在昴七兮秋芒兌西酉朱雀在張二兮離南午又云含元虛危播精於子皆與圖合若以日所歷言之則右行而周二十八舍明堂月令所謂孟春之月日在營室是也與此不同

鄭氏易康成以爻辰說易其書已亾間見于唐人正義者采以備考

坤文言曰陰疑於陽必戰爲其慊於陽王弼俗本陽上有无字也注云慊讀如羣公溓之溓古書篆作立心與水相近讀者失之故作慊詩正義所引有訛字今改正溓雜也字書無訓溓爲雜者古訓之亾來久矣陰謂此上六也陽謂今消息用事乾也上六爲蛇上六在巳得乾氣雜似龍詩正義繫辭曰觀鳥獸之文陸績曰謂朱鳥白虎蒼龍玄武四方二十八宿經緯之文

比初六有孚盈缶注云爻辰在未上值東井井之水人所汲用缶汲器詩正義春秋元命包曰東井八星主水衡

泰六五帝乙歸妹以祉元吉注云五爻辰在卯春爲陽中萬物以生生育者嫁娶之□仲春之月嫁娶男女之禮福祿大吉周禮疏

蠱上九不事王侯高尚其事注云上九艮爻艮爲山辰在

戌得乾氣父老之象是臣之致事故不事王侯是不得事君君猶高尚其所為之事禮記正義

賁六四白馬翰如注云謂九三位在辰得巽氣為白馬六四巽爻也翰猶幹也見六四適初未定欲幹而有之禮記正義

大過注云大過者巽下兌上之卦初六在巽體巽為木上六位在巳巳當巽位巽爻為木二木在外以夾四陽四陽互體為二乾乾為君為父二木夾君父是棺槨之象禮記正義

坎六四尊酒簋貳用缶納約自牖注云六四上承九五又互體在震上爻辰在丑丑上值斗可以斟之象斗上有建星建星六星在南斗北賈逵曰古黃帝夏殷周魯歷冬至日在建星建星即今斗星也康成注月令云建星在斗上建星之形似簋貳副也建星上有弁星石氏星經謂之天弁在建近河

弁星之形又如缶天子大臣以王命出會諸侯主國尊于簋副設（廟諱）酒而用缶也（詩宛邱正義）

坎上六繫用徽纆注云繫拘也爻辰在巳巳爲蛇蛇蟠屈似徽纆也（公羊疏）

離九三不繫缶而歌注云艮爻也位近丑丑上值弁星弁星似缶詩云坎其擊缶則樂器亦有缶（詩正義）

案位近丑據周天玉衡圖也丑爲大寒艮爲立春故云近也

明夷六二明夷睇于左股注云旁視爲睇六二辰在酉酉在西方又下體離離爲目九三體在震震東方九三又在辰辰得巽氣爲股（亦據周天玉衡圖巽近辰也）此訓六二有明德欲承

九三故云睇于左股禮記正義

困九二困于酒食朱紱方來利用享祀注云二據初辰在未未爲土此二爲大夫有地之象未上値天厨酒食象案未上値柳柳爲朱鳥喙天之厨宰主尙食和滋味困于酒食者采地薄不足已用也二與日爲體離爲鎭霍爻四爲諸侯有明德受命當王者離爲火火色赤四爻九四辰在午時離氣赤又朱也文王將王天子制朱紱儀禮疏

案鄭此注本乾鑿度

中孚云中孚豚魚吉注云三辰爲亥爲豕爻失正故變而從小名言豚耳四辰在丑丑爲鼈蟹鄭注月令云丑爲鼈蟹正義云案陰陽式法丑爲鼈蟹鼈蟹魚之微者爻得正故變而從大名言魚耳三

體兌兌爲澤四上値天淵丑上値斗天淵十星在天黿東一曰大海主灌溉溝渠之事天黿在斗東二五皆坎爻坎爲水水浸澤則豚利五亦以水灌淵則魚利豚魚以喻小民也而爲明君賢臣恩意所供養故吉詩正義

說卦震爲大塗注云國中三道曰塗震上値房心塗而大者取房有三塗焉朱漢上易

案震在卯卯上値房心

乾鑿度鄭氏注

孔子曰復表日角注云表者人體之章識也名復者初震爻也震之體在卯日出陽又初應在六四於辰在丑爲牛牛有角復人表象

王充論衡曰寅木也其禽虎也戌土也其禽犬也丑未亦土也丑禽牛未禽羊也木勝土故犬與牛羊爲虎所服也亥水也其禽豕也巳火也其禽蛇也子亦水也其禽鼠也午亦火也其禽馬也水勝火故豕食蛇火爲水所害故馬食鼠菌而腹脹又云酉雞也卯兔也申猴也東方木也其星蒼龍也西方金其星白虎也南方火也其星朱鳥也北方水也其星元武也天有四星之精降生四獸之體以四獸驗之以十二辰之禽效之

九家易注說卦曰犬近奎星蓋戌宿直奎也

王伯厚曰吉日庚午既差我馬午爲馬之證也季冬出土牛丑爲牛之證也說文亦謂巳爲蛇象形

夬表升骨履文注云名夬者五立於辰據消息也爻辰在申在斗魁所指者三月斗建辰又五於人體當艮卦艮爲人於夬亦手體成艮爲手其四則震爻也爲足其三猶艮爻□□□□□七躍之行起焉七者屬文北斗在骨足履文夬人之表象明也

剝表重童古曈字明御名元注云名剝者五□也五離爻離爲曰童子□□六五於辰又在卯卯酉屬也剝離人表童焉

易正義

乾九二見龍在田正義曰先儒以爲九二當太蔟之月陽氣見地一作發見則九三爲建辰之月九四爲建午之月九五爲建申之月爲陰氣始殺不宜稱飛龍在天上九爲建戌

之月羣陰既盛上九不得言與時偕極於此時陽氣僅存何極之有先儒此說於理稍乖此乾之陽氣漸生似聖人漸出宜據十一月之至建巳之月已來此九二當據建丑建寅之間於時地之萌芽初有出者即是陽氣發見之義乾卦之象其應然也

所云先儒者謂康成何妥諸人也王輔嗣解易不用爻辰孔氏正義黜鄭存王故有是說

文言曰終日乾乾與時偕行正義曰先儒以爲建辰之月萬物生長不有止息與天時而俱行若以消息言之是建寅之月三陽用事三當生物之初生物不息同於天時故言與時偕行

附否泰所貞之辰異於他卦圖

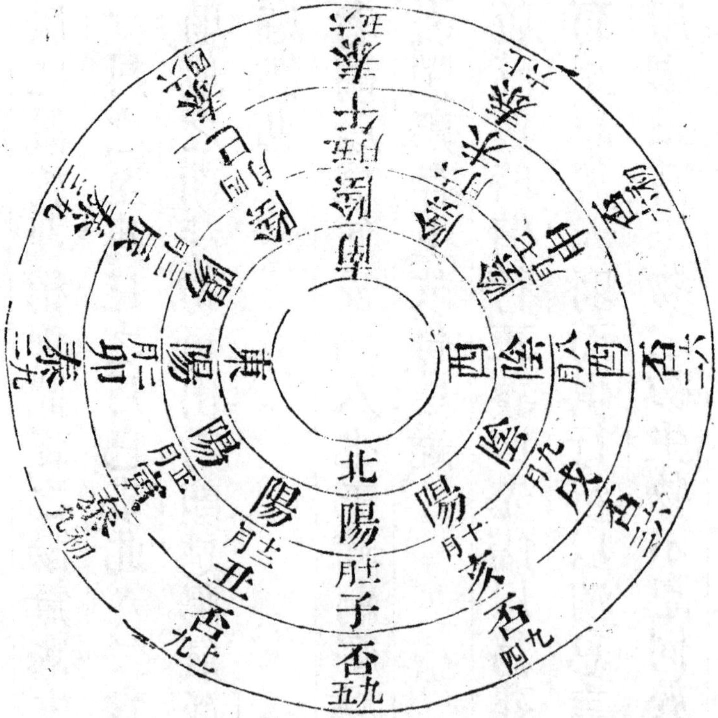

乾鑿度曰泰否之卦獨各貞其辰其共北辰左行相隨也康成云言不用卦次泰當貞於戌否當貞於亥戌乾體所在乾上九亥又乾消息之月荀爽曰消息之位坤在於亥下有伏乾干寶曰戌亥乾之都也京房曰戌亥乾本位詩緯亦以乾爲天門在亥也泰否乾坤體氣相亂故避而各貞其辰謂泰貞於正月否貞於七月六爻者泰得否之乾否得泰之坤之乾之坤謂泰變乾否變坤也又云北辰其者否貞申右行則三陰在西三陽在北泰貞寅右行則三陽在東三陰在南此坤卦西南得朋東北喪朋之一說是則陰陽相比共復乾坤之體也否九四在亥至泰九三而乾體備泰六四在巳至否六三而坤體全乾位在亥坤位在未今在巳者陰實始于巳不敢敵陽故立於正形之位案鄭于主歲卦注云北辰左行謂泰從正月至六月此月陽爻否從七月至

十二月此月陰爻否泰各自相隨此說與圖不合故鄭于卷末言否泰不比及月先師不攺故亦不攺也朱子發卦圖合鄭前後注而一之學者幾不能辨余特爲攺正一目了然矣

易漢學卷六終

易漢學卷七

東吳徵士惠棟學

兵部侍郎兼都察院右副都御史巡撫河南提督軍務兼理河道　欽賜一品頂帶畢沅校刊

荀慈明易

乾升坤降

荀慈明論易以陽在二者當上升坤五爲君陰在五者當降居乾二爲臣蓋乾升坤爲坎坤降乾爲離成旣濟定則六爻得位繫詞所謂上下无常剛柔相易乾彖所謂各正性命保合太和利貞之道也坎爲性离爲命二者乾坤之遊魂也乾坤變化坎离不動各能還其本體是各正之義也此說得之京房左傳史墨論魯昭公之失民季氏之得民云在易卦雷乘乾曰大壯天之道言九二之大夫

當升五爲君也慈明之說合于古之占法故仲翔注易亦與之同王弼泰六四注云乾樂上復坤樂下復此亦升降之義而弼不言升降

文言曰易曰見龍在田利見大人君德也仲翔曰陽始觸陰當升五爲君時舍於二宜利天下

又曰水流濕火就燥慈明曰陽動之坤而爲坎坤者純陰故曰濕陰動之乾而成離乾者純陽故曰燥

又曰本乎天者親上本乎地者親下慈明曰謂乾九二本出於乾故曰本乎天而居坤五故曰親上坤六五本出於坤故曰本乎地降乾居二故曰親下也

又曰雲行雨施天下平也慈明曰乾升於坤曰雲行坤降於乾曰雨施乾坤二卦成兩既濟陰陽和均而得其正故

曰天下平慈明注時乘六龍以御天云御者行也陽升陰降天道行也

又曰與天地合其德慈明曰與天合德謂居五也與地合德謂居二也

與日月合其明慈明曰謂坤五之乾二成離離爲日乾二之坤五爲坎坎爲月

坤彖曰含御名光大品物咸亨慈明曰乾二居坤五爲含坤五居乾二爲御名坤初居乾四爲光乾四居坤初爲大乾上居坤三亦爲含故六三含章可貞坤三居乾上亦成兩既濟也天地交萬物生故咸亨

師彖曰能以衆正可以王矣慈明曰謂二有中和之德而據羣陰上居五位可以王也

六四師左次无咎慈明曰左謂二也陽稱左次舍也二與

四同功四承五五无陽故呼二舍於五四得承之故无咎

上六大君有命開國承家承讀如墨子引書承以大夫師長之承慈明曰大君謂二師旅已息既上居五當封賞有功立國命家也宋衷曰陽當之五處坤之中故曰開國陰下之二在二承五故曰承家

泰九二朋亡得尚于中行慈明曰朋謂坤朋亡而下則二得上居五而行中和矣

臨九二象曰咸臨吉无不利未順命也慈明曰陽感至二當升居五羣陰相承故无不利也陽當居五陰當順從今尚在二故曰未順命也

升彖曰巽而順剛中而應是以大亨用見大人勿恤有慶

也慈明曰謂二以剛居中而來應五故能大亨上居尊位也大人天子謂升居五見爲大人羣陰有主无所復憂而有慶也

九二象曰九二之孚有喜也仲翔曰升五得位故有喜

六五象曰貞吉升階大得志也慈明曰陰正居中爲陽作階使居五已下降二與陽相應故吉而得志

繫辭上曰天下之理得而易成位乎其中矣慈明曰陽位成於五陰位成於二五爲上中二爲下中故曰成位乎其中也

易尚時中說

易道深矣一言以蔽之曰時中孔子作彖傳言時者二十

四卦乾蒙大有豫隨觀賁頤大過坎恒遯睽蹇解損益姤革艮豐旅節小過言中者三十五卦蒙需訟師比小畜履同人大有臨觀噬嗑无妄大過坎離睽蹇解益姤萃升困井鼎漸旅巽兌渙節中孚小過既濟未濟彖傳言時者六卦坤蹇初六井革大象節既濟言中者三十八卦坤需二五訟師二五比小畜履泰同人大有謙豫二五隨蠱臨復大畜坎二五離恒大壯晉蹇解損夬二五姤萃困二五井鼎震艮歸妹巽二五節中孚既濟未濟其言時也有所謂時者待時者時行者時成者時變者時用者時義時發時舍時極者其言中也有所謂中者中正者正中者大中者中道者中行者行中者剛中柔中者而蒙之彖則又合時中而命之蓋時者舉一卦所取之義而言之也中者舉一爻所適之位而言之也時無定而位有定故象多言中少言時乾九二言時舍坤六三言時發一見文言一見象傳蓋乾坤消息之卦三二皆失位二當升坤五三以時發故皆言時然六位

爻謂之六虛唯爻適變則爻之中亦無定也位之中者惟二與五漢儒謂之中和揚子法言曰立政鼓衆莫尚于中和又云甄陶天下其在和乎龍之潛亢不獲其中矣是以過則惕不及中則躍其近於中乎注云二五得中故有利見之占大玄曰中和莫尚于五故彖傳凡言中者皆指二五二尚柔中五尚剛中五柔二剛亦得无咎二與四同功而二多譽三與五同功而五多功以其中也爻辭于泰之六二夬之九五皆以中行言之而益之三四復之六四亦稱中行先儒謂一卦之中非也乾之三四文言謂之不中獨非一卦之中乎竊謂益之中行皆指九五所謂告公用圭告公從者五告之也古者君命臣上命下皆謂之告三

者五所信也故曰有孚四者五所比也故曰利用爲依遷國三爲三公四爲諸侯故或稱國或稱公復六四中行獨復象曰中行獨復以從道也四得位應初獨得所復四非中而稱中行者以從道也其時中之義歟愚謂孔子晚而好易讀之韋編三絕而爲之傳蓋深有味于六十四卦三百八十四爻時中之義故于彖傳象傳言之重詞之復子思作中庸述孔子之意而曰君子而時中孟子亦曰孔子聖之時夫執中之訓肇于中天時中之義明于孔子乃堯舜以來相傳之心法也據論語堯曰章其在豐彖曰天地盈虛與時消息在剝曰君子尚消息盈虛天行也文言曰知進退存亡而不失其正者其惟聖人乎皆時中之義也知時中

之義其于易也思過半矣

九家逸象

陸氏釋文曰說卦荀爽九家集解本乾後更有四爲龍項安世曰震之健也爲直項曰巽之躁也爲衣項曰乾爲衣上服也坤爲裳下服也爲言項曰兌之決也震之龍巽之繩兌之口皆以乾爻故也坤後有八爲牝爲迷爲方皆據坤彖及文言爲囊爲裳爲黃皆據爻辭爲帛杜預注左傳曰坤爲布帛朱震曰帛當在布之下項曰乾爲蠶精而出於震至巽離而有絲至坤而成帛也案八音離爲絲爲漿項曰酒主陽漿主陰故坤爲漿坎震爲酒皆乾之陽也震後有三爲王項曰爲王者帝出乎震爲鵠吳澄本作鴻爲鼓項曰鵠古鶴字爲鵠爲鼓皆聲之遠聞者也與雷同鵠色正白與畢的同攷工記曰凡冒鼓必以啟蟄之日鄭注云蟄蟲始聞雷聲而動鼓所取象太元曰三八爲木爲東方爲春類爲鼓注云如雷聲也巽後有二爲楊朱震項安世皆作揚讀爲稱揚之揚非也巽爲木故爲楊大過枯楊生稊仲翔曰巽爲楊不從手也爲鸛項曰

鸛水鳥能知風雨者朱曰震爲鸛鸛陽禽也巽爲鸛鸛陰禽也

坎後有八爲宮 朱以爲宮商之宮項曰宮與穴同象皆外闔土而內居人陷也隱伏也陽在中也 **爲律** 釋言曰坎律銓也樊光曰坎卦水水性平律亦平銓亦平也坎爲水故右刑灋議讞之字皆從水又爲律師初六曰師出以律 **爲可** 可當爲河坎爲大川故爲河逸象出老屋河字摩滅之餘故爲可也或云當爲坷說文曰坷坎坷也古文省作可亦通朱子發解可字多曲說不可從石鼓文何作可與此河爲可皆古文省 **爲棟** 項本作棟云當作棟棟在屋中有陽之象焉故爲棟 **爲叢棘** 仲翔引作蒺棘朱云叢棘獄也 **爲狐** 子夏傳曰坎爲小狐干寶亦云 **爲蒺藜** 困坎爲蒺藜 **爲桎梏** 項曰皆物之險而能陷者也

離後有一爲牝牛 見本卦春秋傳曰純離爲牛

艮後有三爲鼻 管寧曰鼻者艮天中之山裴松之案相書謂鼻之以名爲天中鼻有山象故曰天中之山也 **爲虎** 吳澄曰頤象六三九四頤六四革九五履革皆無艮艮不象虎也項曰艮主寅虎寅獸案艮之上九丙寅故項依以爲說京房以坤爲虎刑陸績以兌之陽爻稱虎先儒解易皆取二象不聞艮爲虎虎也虎當爲膚字之誤也仲翔注易云艮爲膚是也 **爲狐** 吳澄本作豹非也左傳秦伐晉卜徒父筮之其卦遇蠱曰獲其

雉狐蠱艮爲狐項曰坎爲狐取其心之險也艮爲狐取其喙之黔也兌後有二爲常九家注曰常西方之神也朱以爲當屬坤項以爲當作商皆臆說爲輔頰見咸卦朱子發曰秦漢之際易亾說卦孝宣帝時河內女子發老屋得說卦古文老子至後漢荀爽集解又得八卦逸象三十有一九家易魏晉以後人所僎其說以荀爽爲宗朱氏遂謂爽所集失之今考之六十四卦其說若印圈鑰非後儒所增也

荀氏學

荀悅漢紀曰孝桓帝時故南郡太守馬融著易解頗生異說及臣悅叔父故司空爽著易傳據爻象承應陰陽變化之義以十篇之文解說經意由是兗豫之言易者咸傳荀氏學

易漢學卷八

東吳徵士惠棟學

兵部侍郎兼都察院右副都御史巡撫河南提督軍務兼理河道　欽賜一品頂帶畢沅校刊

辨河圖洛書

宋姚小彭氏曰今所傳戴九履一之圖乃易乾鑿度九宮之法（其說詳鄭注）自有易以來諸易師未有以此爲河圖者（後漢劉瑜上書曰河圖授嗣正在九房九房疑即太乙所行之九宮蓋讖緯家以爲河圖桓譚張衡所痛斥爲非者也）至本朝劉牧以此爲河圖而又以生數就成數依五方圖之以爲洛書又世所傳關子明洞極經亦言河圖洛書如劉氏說而兩易之以五方者爲圖九宮者爲書案唐李鼎祚易解盡備前世諸儒之說獨無所謂關氏者至本朝阮

逸始僞作洞極經見后山陳氏談叢之書則關氏亦不足爲證矣朱子語類亦云關子明易阮逸作陳无已集中說得分明雷思齊又謂楊次公撰洞極經託名於關子明要皆後人假託也棟案九宫之法一二三四五六七八九一北九南三東七西四東南六西北二西南八東北五居中方位與說卦同乾鑿度所謂四正四維皆合于十五是也以五乘十即大衍之數故劉牧謂之河圖阮逸撰洞極經以此爲洛書而取楊子雲一六相守二七爲朋之說以爲河圖鄭康成注大衍之數云天一生水于北地二生火于南天三生木于東地四生金于西天五生土于中陽無偶陰無妃未得相成地六成水于北與天一并天七成火于南與地二并地八成木于東與天三并天九成金于西與地

四并地十成土于中與天五并虞仲翔注亦云一六合水二七合火三八合木四九合金五十合土其說皆與河圖合然康成仲翔未嘗指此爲河圖則造此圖以爲伏羲時所出者妄也仲翔謂八卦乃四象所生非庖犧所造也桓譚新論曰河圖洛書但有兆朕而不可知綠圖曰亾秦者胡也其說始于秦漢時河洛八十一篇皆託之孔子故君山辨之乃知漢以來並未有圖書之象夫子曰河不出圖餘姚黃宗羲以河圖爲九邱之類圖出于河爲聖人有天下之徵棟案水經注載春秋命歷序曰河圖帝王之階圖載江河山川州界之分野黎洲據此以爲九邱之類也詳象數攷東序河圖後人安得見之雖先儒皆信其說吾不敢附和也

辨先天後天

半農人易說曰道家創爲先天後天圖朱子語類曰先天圖次第是方士輩

所相傳授底棟案伏羲四圖皆出于邵氏邵氏之學本之廬山老浮圖見謝上蔡傳易堂記序以先天爲伏羲卦後天爲文王卦妄也即以乾坤二卦言之乾爲寒爲冰南非寒冰之地曷爲而移在南坤爲土王四季在中央西南者中央土也曷爲而移之北乎且天地定位定位者天尊地卑而乾坤定卑高以陳而貴賤位也如道家言先天乾在南後天在西北先天坤在北後天在西南是天地無定位矣又北極在上南極在下乾南坤北是天在下地在上也謂之定位可乎以此知道家之說妄也莊子曰至陰肅肅至陽赫赫肅肅出乎天赫赫發乎地兩者交通成和而物生焉乾位西北故至陰出乎天坤位西南故至陽發乎地周禮亦云天產作陰德地產作陽德者以此道

家之老莊猶儒家之孔孟乾南坤北其說不合乎老莊必出于後世道家之說故未聞乎古至宋而後盛行焉以後世道家之說託爲伏羲而加之文王周公孔子之上學者不鳴鼓而攻必非聖人之徒也

棟案宋人所造納甲圖與先天相似蔡季通遂謂先天圖與參同契合殊不知納甲之法乾坤列東艮兌列南震巽列西坎離在中詳虞仲翔易註別無所謂乾南坤北離東坎西者道家所載乾坤方位亦與先天同而以合之參同契是不知易并不知有參同者也葢後世道家亦非漢時之舊漢學之亾不獨經術矣

又曰聖人作八卦所以奉天時道家創爲先天之學而作

先天八卦位託之伏羲誕之甚妄之甚所爲先天者兩儀未判四象未形八卦何從生天地定位乾坤始作六子乃索八卦相錯陰陽交感山澤氣通水火雷風各建其功明明後天安得指是爲先天哉然則卦無先天乎曰有一卦各有一太極聖人以此先古文作先俗作洗心退藏於密所謂先天而天弗違也學者不知來觀諸往不知先觀諸後知後天則知先天矣捨後天而別造先天之位以周孔爲不足學而更問庖犧甚矣異端之爲害也不可以不闢閻若璩潛邱劄記引吳鷟他石錄外編儒辨第二十五論先天八卦之非又云本義之混濫者多矣以天地定位章爲第一

干寶注周禮曰伏羲之易小成爲先天神農之易中成爲中天黃帝之易大成爲後天小成謂八卦也中成謂

重卦大成謂備物制用也

辨兩儀四象

半農人易說曰易有太極是生兩儀兩儀生四象四象生八卦兩儀天地也四象四時也四時有四正有四維震春離夏兌秋坎冬爲四正巽東南坤西南乾西北艮東北爲四維此四正四維以時言之爲四時以象言之爲四象而八卦出于其中不曰卦而曰象者八卦以象告也陰陽太少可謂之儀不可謂之象宋儒遂以四象當之誤矣太少在陰陽之中有陰陽即有太少非先有陰陽後有太少也若云始爲一畫以分陰陽次爲二畫以分太少是陰陽生太少有是理乎謂陰陽分太少可謂陰陽生太少不可易

言生不言分爻生子子生孫可謂之生不可謂之分邵子割裂太極穿鑿陰陽一分爲二二分爲四四分爲八所謂加一倍法朱子篤信之吾无取焉

邵子曰太極生陰陽兩儀一爲陽⚋爲陰吾不知所謂陽儀者太陽耶少陽耶所謂陰儀者太陰耶少陰耶抑陰陽初生未分太少耶如其然則是先有陰陽後有太少也由是陽儀加一畫爲陽生太陽陽儀加⚋畫爲陽生少陰陰儀加一畫爲陰生少陽陰儀加⚋畫爲陰生太陰是陰陽生太少矣然則所謂陰儀陽儀者非太非少是何物耶曰加曰分乃邵易非周易也由是太陽二畫又加一畫爲乾是太陽生乾又加一畫爲兌是太陽生兌少陰二畫又加

一畫爲離是少陰生離又加一畫爲震是少陰生震餘四卦皆然是太少生八卦矣陰陽生太少太少生八卦誰能知其說哉（王伯厚曰上蔡謝子爲晁以道傳易堂記後序言安樂邵先生皇極經世之學師承頗異安樂之父昔於廬山解后文恭胡公從隱者老浮圖遊隱者曰胡子世福甚厚當秉國政邵子仕雖不耦學業必傳因同授易書上蔡之文今不傳僅載於張祺書文恭集後康節之父伊川丈人名古字天叟）

棟案朱子語類言程子說易只云三畫上疊成六畫（此賈公彥之說亦非漢法）八卦上疊成六十四卦與邵子說異蓋康節不會說與程子程子亦不會問之故一向隨他所見去又云伊川易傳有未盡處當時康節傳得數甚佳卻輕之不問又云邵子所謂易程子多理會他底不得愚謂邵子一分爲二二分爲四四分爲八之說漢唐言易者

不聞有此程子非不能理會邵易但以之解周易恐其說之未必然也且上蔡程子之高弟也邵子又程子之妻兄弟也老浮圖之授受上蔡猶知之曾程子也而肯為異說所惑哉

辨太極圖

秀水朱錫鬯曰自漢以來諸儒言易莫有及太極圖者惟道家者流有上方太洞真元妙經著太極三五之說唐開元中明皇為製序而東蜀衛琪注玉清無極洞仙經衍有無極太極諸圖陳摶居華山曾以無極圖刊諸石為圖者四位五行其中自下而上初一曰元牝之門次二曰煉精化氣煉氣化神次三五行定位曰五氣朝元次四陰陽配

合曰取坎填離最上曰煉神還虛復歸無極故謂之無極圖乃方士修煉之術爾相傳受之呂喦喦受之鍾離權權得其說于伯陽伯陽聞其旨于河上公在道家未嘗謂爲千聖不傳之祕也周元公取而轉易之亦爲圖者四位五行其中自上而下最上曰無極而太極次二曰陰陽配合曰陽動陰靜次三五行定位曰五行各一其性次四曰乾道成男坤道成女最下曰化生萬物更名之太極圖仍不沒無極之旨由是諸儒推演其說南軒張氏謂元公自得之妙蓋以手授二程先生者自孟氏以來未之有也曝書亭集

錫鬯又言程子未曾受業于元公元公亦無手授太極圖之事其說備載集中愚謂道教莫盛于宋故希夷之

圖康節之易元公之太極皆出自道家世之言易者率以是三者爲先河而不自知其陷于虛無而流于他道也惜哉王伯厚言程子教人大學中庸而無極太極一語未嘗及夫程子言易初不知有先天言道初不知有無極此所以不爲異端所惑卓然在周邵之上也伯厚謂程子不言無極太極是性道不可得聞之義此說却涉禪學矣顧寧人曰夫子之教人文行忠信而性與天道在其中故曰不可得而聞忠恕之與一貫豈有二耶黃氏日鈔曰夫子述六經後來者溺於訓詁未害也濂洛言道學後來者借以談禪則其害深矣

易漢學卷八終

清經訓堂本易漢學

清 惠棟撰

清乾隆中鎮洋畢氏刻《經訓堂叢書》本

山東人民出版社·濟南

圖書在版編目（CIP）數據

清經訓堂本易漢學 /（清）惠棟撰 .— 濟南 : 山東人民出版社，
2024.3
（儒典）
ISBN 978-7-209-14294-6

Ⅰ．①清… Ⅱ．①惠… Ⅲ．①《周易》－研究 Ⅳ．① B221.5

中國國家版本館 CIP 數據核字（2024）第 038802 號

項目統籌：胡長青
責任編輯：趙　菲
裝幀設計：武　斌
項目完成：文化藝術編輯室

清經訓堂本易漢學
〔清〕惠棟撰

主管單位　山東出版傳媒股份有限公司
出版發行　山東人民出版社
出 版 人　胡長青
社　　址　濟南市市中區舜耕路517號
郵　　編　250003
電　　話　總編室（0531）82098914
　　　　　市場部（0531）82098027
網　　址　http://www.sd-book.com.cn
印　　裝　山東華立印務有限公司
經　　銷　新華書店

規　　格　16開（160mm×240mm）
印　　張　13.25
字　　數　106千字
版　　次　2024年3月第1版
印　　次　2024年3月第1次
ISBN 978-7-209-14294-6
定　　價　32.00圓
如有印裝質量問題，請與出版社總編室聯繫調換。